AF314781

SAINTE DOUCELINE

BÉGUINE DE PROVENCE
1214 † 1274
PAR

GABRIEL MOUREY

ILLUSTRATIONS DE PIERRE GIRIEUD

PARIS
AUX ÉDITIONS DU MONDE NOUVEAU
COLLECTION
LES JARDINS DE LA FOI.

OUVRAGES DU MÊME AUTEUR

POÉSIE

Voix éparses (*épuisé*).
Flammes mortes (*épuisé*).
Le Miroir (Mercure de France).
Le Chant du Renouveau (Berger-Levrault).
L'Oreiller des Fièvres et Les Chansons de Leïla (Librairie de France).

TRADUCTION

Poèmes et Ballades, de A.-C. Swinburne (P.-V. Stock).
Chants d'avant l'Aube, de A.-C. Swinburne (P.-V. Stock).
Poésies complètes d'Edgar Poe (Mercure de France).
Le Livre du Thé, d'Okakura Kakuzo (Payot et Cie).

THÉATRE

Lawn-Tennis (P.-V. Stock).
Trois Cœurs (P.-V. Stock).
L'Automne, en collaboration avec Paul Adam (*épuisé*).
Psyché (Mercure de France).
Guillaume d'Orange (Ollendorff).

ROMANS ET NOUVELLES

L'Embarquement pour Ailleurs (*épuisé*).
Monada (Ollendorff).
Les Brisants (Ollendorff).
Cœurs en détresse (Ollendorff).
Jeux passionnés (La Renaissance du Livre).
L'Œuvre nuptial (Lemerre).
Le Village dans la Pinède (Mercure de France).

ESSAIS, CRITIQUE

Passé le Détroit (*épuisé*).
Les Arts de la Vie et le Règne de la Laideur (Ollendorff).
Des Hommes devant la Nature et la Vie (Ollendorff).
Une heure: la Bourse (Ollendorff).
Gainsborough (Laurens).
Albert Besnard (Davoust).
Fêtes foraines de Paris, illustré par Edgar Chahine (Les Cent Bibliophiles).
D.-G. Rossetti et les Préraphaélites anglais (Laurens).
Propos sur les Beautés du Temps présent (Ollendorf).
La Guerre devant le Palais, 1914 (Ollendorff).
La Gloire de Saint-Marc, illustré par A. Sézanne (Plon, Nourrit et Cie).
Essai sur l'Art décoratif français moderne (Ollendorff).

Cf. Ernest Renan
Hist. Littéraire de la France
1885 — XXIX p. 526—565

8 Ln²⁷
60850

SAINTE DOUCELINE

BÉGUINE DE PROVENCE

(1214-1274)

GABRIEL MOUREY

SAINTE DOUCELINE

BÉGUINE DE PROVENCE

(1214-1274)

ILLUSTRATIONS DE PIERRE GIRIEUD

DÉPOT LÉGAL
Indre-&-Loire
N° 515
1921

PARIS

AUX ÉDITIONS DU MONDE NOUVEAU

42, BOULEVARD RASPAIL, 42

1922

2e Édition.

IL A ÉTÉ TIRÉ DE CET OUVRAGE :

UN
EXEM-
PLAIRE UNI-
QUE SUR PAPIER
DU JAPON, CON-
TENANT LES DESSINS ORI-
GINAUX DE PIERRE GIRIEUD,
CINQ EXEMPLAIRES SUR PA-
PIER DE HOLLANDE, NUMÉROTÉS DE
A A E, QUARANTE-CINQ EXEMPLAIRES SUR
PAPIER PUR FIL LAFUMA, NUMÉROTÉS DE I A 45
ET QUATRE CENT CINQUANTE-CINQ
EXEMPLAIRES SUR PAPIER ALFA, NU-
MÉROTÉS DE 46 A 500; CES CINQ
CENT SIX EXEMPLAIRES
CONSTITUANT AUTHENTI-
QUEMENT L'ÉDI-
TION ORIGINALE
DE SAINTE
DOUCELI-
NE.

Tous droits de traduction et de reproduction réservés
Copyright by Aux Éditions du Monde Nouveau, 1922.

PREMIÈRE PARTIE

Girieud

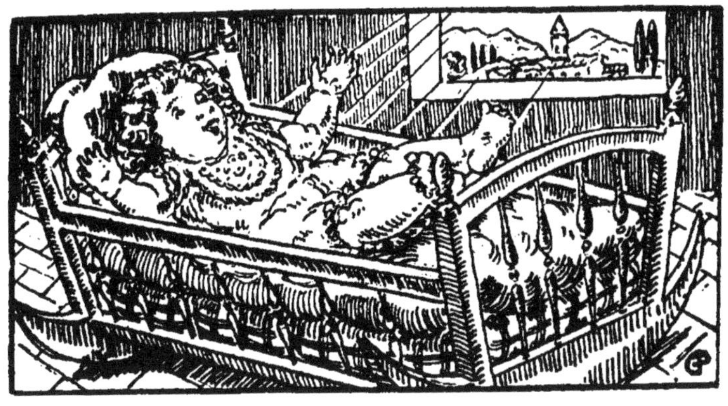

I

Au commencement du treizième siècle, vivait dans la bonne petite ville de Barjols, non loin de Brignoles-en-Provence, un riche marchand nommé Bérenguier. Il avait pris en mariage une jeune fille belle et pure, appelée Huguette.

Secourables aux indigents et aux infirmes, observateurs fidèles des commandements de la Sainte Église, ils étaient estimés et aimés de tous. Aussi Dieu les choisit-il pour donner naissance à deux enfants qui, par l'éclat de leur sainteté, devaient plus tard contribuer à manifester sa toute-puissance et à propager l'excellence de son service.

Le premier fut cet Hugues de Digne, frère

mineur, ami de Jean de Parme, l'un des apôtres les plus zélés et les plus éloquents de l'évangile de saint François, et « l'un des plus grands clercs du monde », s'il faut en croire Fra Salimbene ; l'autre fut sainte Douceline, fondatrice des béguines de Provence, qui accomplit pendant sa vie et après sa mort de retentissants miracles, et ne mérite pas d'être moins honorée que nombre de saints et de saintes de qui le nom est plus familier que le sien aux lèvres des hommes. Ainsi voit-on fréquemment, dans l'ordre temporel, des poètes et des artistes privés, au profit de moins dignes, de la gloire à laquelle leurs mérites leur donnent droit.

Douceline ! ce nom, pourtant, n'est-il pas harmonieux et agréable à prononcer ? Douceline ! on dirait un de ces gentils vocables que les amants inventent pour désigner la dame de leurs désirs et de leurs rêves. Douceline ! ces syllabes ont la tendresse câline d'un gazouillement d'oiselle ivre de lumière au printemps, la sonorité dans le crépuscule des clochettes que portent au cou les jeunes brebis sur les collines embaumées de lavande et de thym. Douceline ! Douceline ! les abeilles, quand elles viennent boire aux ruisseaux des vergers, font avec leurs ailes un bruit pareil...

Mais ceux-ci sont rares qui savent goûter le charme et la poésie des choses, et comme cette science ne s'enseigne pas dans les écoles, parce qu'elle ne se peut enseigner, la plupart l'ignorent toujours. C'est pourquoi l'on rencontre tant de gens qui, bien que parlant le même langage, ne parviennent pas à s'entendre ; sans doute ils usent des mêmes mots et les prononcent de la même manière, mais ils leur attribuent une signification différente et, ne se comprenant qu'à moitié, restent toujours comme étrangers les uns aux autres.

Douceline naquit en l'an de grâce mil deux cent quatorze.

Aucun signe particulier ne marqua sa venue en ce monde ; sauf, peut-être, qu'au lieu d'avoir ce teint de brique trop cuite que l'on voit à tous les nouveau-nés, sa peau était délicatement rose, du ton fin et subtil des roses de Noël, et qu'à peine déposée dans sa barcelonnette blanche, au lieu de grimacer, elle se mit à sourire.

Elle crût forte et saine, d'humeur égale, et n'eut d'autres hochets que les rais de soleil pas-

sant à travers les vitres et qu'elle s'amusait durant des heures à saisir de ses petits doigts;
et jamais elle ne criait ni se plaignait, soit qu'on
la laissât seule, soit qu'on l'ôtât du sein ; enfin,
elle n'était ni capricieuse ni entêtée. Déjà, sans
doute, germait en elle l'amour du silence et l'esprit de sacrifice.

Toute fillette, et qui ne savait pas encore parler,
on raconte qu'elle montra le goût de la mortification. Souvent on la découvrait priant à genoux
sur le gravier de la terrasse, devant la maison
paternelle ; elle tenait ses petites mains jointes
contre sa poitrine et levait vers le ciel ses beaux
yeux suppliants. On l'appelait, elle n'entendait
point ; et quand sa mère, l'ayant prise en ses
bras, l'interrogeait, elle était longtemps avant de
répondre.

— Où étais-tu ? lui demandait Huguette.

— Là-haut... là-haut, avec les anges...

Déjà aussi elle recherchait la solitude et, au
lieu de jouer avec ses compagnes, se cachait dans
les endroits les plus retirés. Elle y passait des
heures et des heures en contemplation, insensible
aux bruits joyeux de la campagne, au chant des
cigales, aux rires clairs des jeunes filles qui cueil-
lent les olives.

Elle était obéissante et docile, réservée et silencieuse, discrète et détachée, comme si, par une prescience miraculeuse, elle eût touché si tôt la vanité des gestes et des paroles, des désirs et des espérances, de toutes les choses humaines. Douceline n'était point triste, cependant ; Dieu n'a pas défendu à ceux qui le servent, de sourire : Douceline souriait toujours.

II

Douceline avait quinze ans lorsque sa mère mourut.

Elles venaient de rentrer toutes les deux à la maison après une journée consacrée à la visite des pauvres dans la campagne de Barjols. Huguette se sentait très lasse.

— Mon Dieu ! comme je suis fatiguée, ce soir, dit-elle à Douceline. Jamais je ne me suis trouvée aussi fatiguée...

Elle s'assit au seuil, inclina sa tête dans ses mains en poussant un long soupir. Douceline était accroupie à ses pieds.

— Dormez un peu, mère chérie, avant que père ne revienne.

Huguette ne répondit mot.

C'était un soir d'été très lent et très clair, où tous les bruits vibraient nets et distincts dans l'atmosphère apaisée. Et Douceline se leva.

— Mère, j'entends approcher père sur la route.

Elle courut au-devant de lui.

— Mère s'est endormie de fatigue au seuil de la maison, dit-elle.

Il s'approcha de la dormeuse, voulut lui prendre la main ; privée de son soutien, la tête de la pauvre femme retomba lourdement en avant.

— Mère est morte, prononça Bérenguier. Dieu lui a épargné les angoisses de l'agonie. Ma fille, il ne faut pas pleurer ; il ne faut pas se révolter contre les desseins de la Providence.

Cependant, Douceline s'était jetée en sanglotant sur le corps de sa mère et elle l'étreignait désespérément.

— Bonne mère, petite mère, bonne petite mère, criait-elle, écoutez-moi, répondez-moi. M'entendez-vous ?

Et elle se tordit les bras, longtemps, ainsi ;

puis elle se calma et, les mains tendues vers le ciel, d'une voix fervente :

— Mon Dieu! Mon Dieu! recevez son âme dans votre saint paradis.

Par trois fois elle répéta cette prière. Bérenguier était debout près d'elle, immobile ; deux ruisseaux de larmes coulaient de ses yeux dans sa barbe.

Alors elle dit :

— Il ne faut pas, non plus, que vous pleuriez, mon père. Dieu a reçu l'âme de mère dans son saint paradis, je le sais, je le sens, je le vois, j'en suis sûre.

Peu après, ils la soulevèrent — Huguette était toute petite et maigre — et l'ayant portée jusque dans sa chambre, ils la déposèrent sur son lit. L'on n'eut pas besoin de lui fermer les yeux ; l'on mit simplement entre ses mains jointes un crucifix et une branche d'olivier bénit et toute la nuit et tout le jour suivants, Bérenguier et Douceline, priant et méditant, la veillèrent ; puis on l'ensevelit.

Comme Bérenguier était riche et considéré, une grande foule accompagna Huguette jusqu'à sa dernière demeure et Douceline se réjouit de voir que les pauvres gens et les infirmes y étaient

les plus nombreux. Il en était venu de très loin ;
ils attendaient le long de la route le passage du
morne cortège et s'y joignaient en pleurant.

Ce fut la première rencontre de Douceline
avec la Mort.

III

A quelques mois de là, comme ils achevaient
leur repas du soir, Bérenguier dit à Douceline :

— Ma fille, je me sens vieillir. Je n'ai plus au
monde que vous et votre frère, le saint père
Hugues, et nous sommes toujours séparés de lui.
Nous vivons seuls ici ; la plupart de ceux qui
m'étaient chers sont morts. Pourquoi n'irions-
nous pas habiter auprès de lui, dans ce pays
d'Hyères où les hivers sont si cléments ? Vous
n'y pourriez aussi que prospérer, sous sa conduite,
dans la piété et la vertu. Qu'en dites-vous ?

— Père, je vous suivrai avec joie.

— Nous partirons donc ; mais comme il est
pénible de quitter toutes les choses au milieu desquelles l'on s'est accoutumé à vivre, nous emporte-
rons avec nous sur des chariots nos meubles et

nos hardes, car je veux que nous continuions, dans notre nouvelle demeure, de ne manquer de rien. Qu'en dites-vous ?

— Vous avez raison, père.

Et elle inclina la tête, en signe de soumission. La nuit était venue ; Bérenguier ne put voir combien elle était triste de le sentir aussi fortement et aussi vainement attaché aux choses de la terre.

De ce jour, elle redoubla ses mortifications. Sous ses belles robes de velours et de soie, sous ses guimpes de dentelle et de broderie elle portait un cilice en peau de truie, si rugueux et qu'elle serrait si fort contre sa poitrine avec un cercle de fer et de grosses cordes que, lorsqu'elle voulait s'en dépouiller, elle n'y pouvait parvenir sans arracher des morceaux de sa propre chair. Un jour même, se sentant tomber en faiblesse, elle dut recourir à l'aide de sa servante : à l'endroit où les nœuds pénétraient dans son corps, de larges plaies s'étaient formées, toutes grouillantes de vers. Comme la femme, à cette vue, s'était mise à pousser les hauts cris, Douceline lui fit jurer de n'en rien révéler à son père, de peur de l'affliger.

Sa chambre était pourvue de meubles riches et son lit de plume orné de courtines ; mais elle couchait à terre, sur un peu de paille, et ceinte d'une corde dont le bout s'attachait à une poutre du plafond, de sorte qu'aussitôt qu'elle faisait un mouvement, la corde se tendait et elle s'éveillait. Alors elle se mettait en prière.

IV

Cependant, le printemps approchait ; c'était le terme que Bérenguier avait fixé pour leur départ.

— Il faudra penser bientôt, dit-il un jour à Douceline, aux préparatifs de notre voyage. Vous veillerez, n'est-ce pas, à envelopper de paille ou de foin les objets fragiles de notre ménage et à les arranger dans des paniers d'osier ; quant aux pièces d'argenterie, aux bijoux de votre mère, à tout ce que nous possédons de précieux, cela prendra place dans le vieux coffre cerclé de fer qui est au grenier, vous savez. Et pour le reste...

Douceline osa l'interrompre :

— Mon père, mon cher, mon bien-aimé père, prononça-t-elle d'une voix que l'émotion rendait tremblante, mon père, pardonnez-moi... mais, mais...

Elle crut qu'elle allait défaillir.

— Qu'avez-vous ? demanda doucement Bérenguier.

Elle reprit courage : une voix intérieure lui ordonnait de ne point laisser échapper l'occasion qui s'offrait de dire ce qu'elle avait à dire, ce qu'elle devait dire, quoi qu'il pût arriver, et cette voix était étrangement impérieuse et claire. Cependant elle n'osait continuer. Elle regardait son père fixement, comme si jamais auparavant, jamais elle ne l'avait vu...

C'était un homme de petite taille, avec des yeux très doux d'un bleu sombre, la barbe longue et déjà blanche, un air de grande bonté. Elle ne se souvenait pas de lui avoir jusqu'à ce jour rien demandé qu'il n'y eût consenti ; elle se rappelait comme il la berçait dans ses bras pour l'endormir quand elle était petite et la complaisance qu'il mettait à la laisser lui caresser ou lui tirer les poils de sa moustache et de sa barbe qui étaient toutes noires alors. Elle savait aussi de quelle tendresse,

peu expansive il est vrai, mais si profonde et si
sûre, Bérenguier l'aimait ; elle savait enfin qu'il
n'y avait point ni dans la ville de Digne où il était
né, ni dans celle de Barjols où il s'était fixé lors de
son mariage avec Huguette, ni dans tous les alen-
tours, tant parmi les nobles que parmi les marchands, d'homme plus charitable ni meilleur, plus
droit ni plus pur. Mais elle connaissait l'attachement qu'il gardait encore, malgré sa piété, pour
les biens terrestres, le contentement qu'il éprouvait — tout intime certes, et dont jamais il n'aurait
eu la faiblesse de faire parade — de posséder une
maison abondamment fournie non seulement du
nécessaire mais du superflu, l'espèce de plaisir
puéril qu'il goûtait à vivre parmi ces mille objets
d'usage ou de luxe rapportés par lui de ses voyages
à travers l'Europe. Était-il assez avancé dans les
voies de la perfection pour consentir au sacrifice
qu'elle voulait obtenir de lui ? N'allait-elle pas,
en essayant de l'en détacher, accroître encore à
ses yeux le prix de toutes ces vanités ? Non, décidément, mieux valait ne lui rien dire.

— Parlez ma fille, je vous en conjure.

Alors son cœur s'ouvrit, car Dieu l'inspirait.

— Qu'avez-vous besoin, mon père, pour être
heureux, de tant de bien-être, tandis qu'autour de

nous, nous voyons sans cesse et en si grand nombre de pauvres hommes, de pauvres femmes, de pauvres enfants à qui manque le pain nécessaire à leur subsistance? Certes, vous avez pitié d'eux et la vue de leur misère ne vous a jamais laissé insensible... mais, dites, que leur donnez-vous, par rapport à ce que vous pourriez leur donner?

— C'est vrai, balbutiait Bérenguier, c'est vrai.

— Dites, à quoi nous servent ces bahuts pleins de vaisselle et d'argenterie, à quoi nous servent ces coffres remplis de toile fine et d'étoffes précieuses, à quoi nous servent ces bijoux, tout cela enfin qui vous a coûté tant de travail pour l'acquérir et tant de souci pour le conserver? Sans doute... sans doute, ils sont plaisants à regarder, mais qui sait si les artisans qui les ont faits ne sont pas morts de faim après les avoir achevés et qui sait encore si l'argent dont vous les avez payés, au lieu de servir à les nourrir, eux et les leurs, n'a pas contribué à les éloigner du droit chemin, car l'argent est maudit. Certes, ils sont plaisants à regarder, tous ces objets de prix... mais Dieu a créé les arbres et les fleurs, l'eau et les nuages, les oiseaux, toutes les merveilles de la nature... et nous ne savons pas en jouir.

— C'est vrai, c'est vrai, répétait Bérenguier.

— Nous avons à portée de la main un trésor de beauté inépuisable et nous ne songeons qu'aux profits matériels que nous pouvons en retirer. Vous parliez tout à l'heure des bijoux de ma sainte mère ; vous me demandiez d'en prendre plus de soin que de quoi que ce soit ; je le ferai pour vous obéir et parce que c'est péché de laisser gâter, sans profit pour personne, aucune chose existante. Mais à quoi nous serviront ces joyaux ? Pour moi, vous le savez, je n'ai guère le goût de la parure et n'aspire qu'au jour où rien ne m'empêchera de me consacrer entièrement à Dieu ; et pour vous, mon père, comme pour moi, ce ne sont ni ces bagues, ni ces colliers qui ont appartenu à celle que nous pleurons qui sont ce qui nous reste d'elle de plus précieux et de plus cher. Non ; c'est son souvenir, c'est le parfum de ses bonnes actions et de ses bonnes pensées, c'est la douceur et la pureté de son exemple ; cela, pour l'emporter avec nous là-bas, point n'est besoin de l'entourer de paille ou de foin, de le mettre dans des corbeilles d'osier, de le sceller dans des coffres cerclés de fer ; cela ne risque ni de s'endommager ni de se rompre aux cahots de la route ; cela, personne au monde ne peut nous le ravir ! Donc, père, tout ce qui garnit et orne cette maison, et cette maison elle-même, si j'en étais le maître, je les donnerais aux pauvres. Songez combien d'infortunes seront soulagées avec la moitié seulement de l'argent qu'il vous sera facile d'en retirer ; songez... songez...

— N'ajoutez pas un mot, ma fille ; je ferai joyeusement ce que Dieu m'a ordonné, par votre bouche, de faire.

— Ah ! père, père, s'écria Douceline, soyez béni ! Mes prières ont été exaucées !

Alors elle vint près de lui pour l'embrasser. Longtemps il la serra contre son cœur en pleurant.

— Vous verrez, disait-elle, comme nous serons heureux là-bas, sans plus rien qui nous embarrasse ni nous enchaîne ! Nous serons libres ! Nous chercherons une maison, toute petite, pour nous deux sèuls, pas trop loin de la mer. L'on dit que, jusqu'au bord de l'eau, il y a des arbres toujours en fleurs... Vous verrez.

Il la regarda ; elle lui apparut transfigurée, comme baignée dans la clarté d'une lumière surnaturelle.

Il se leva.

— A ce soir, dit-il ; je vais m'occuper de la réalisation de nos projets.

Elle lui tendit son bâton.

— A ce soir, père. Surtout, ne changez pas d'avis en route.

Il partit. Elle le suivit un moment du regard sur le petit chemin qui, à travers les oliviers et les figuiers, descendait vers la ville. Le soleil éclairait tendrement les verdures argentées, la terre rougeâtre, les murs crénelés de la cité, les toits de tuiles grises et roses. La campagne était pareille à un beau jardin parsemé de gros bouquets de fleurs : c'étaient les abricotiers, les pêchers, les poiriers, les cerisiers qui tendaient aux baisers du jeune soleil leurs branches alourdies de neige blanche et de neige rosée.

Il parut à Douceline que jamais le printemps n'avait été plus radieux.

V

Depuis la mort de sa mère, la jeune fille n'était pas rentrée dans la chambre où Huguette avait commencé de dormir son dernier sommeil, les mains jointes sur sa poitrine et, entre ses doigts livides, le crucifix et le rameau bénit. Non qu'elle gardât de ces heures funèbres un souvenir d'angoisse ou d'épouvante, mais parce que, à vrai dire, elle n'avait plus éprouvé le désir de revoir ces lieux où s'était écoulée la plus grande partie de sa petite enfance, où elle avait passé tant d'heures blottie contre les jupes de sa mère à écouter les chansons que, du bout des lèvres, Huguette lui chantait pour l'amuser. Comment se faisait-il donc qu'aujourd'hui ses pas la conduisaient, comme malgré elle, au seuil de cette chambre et que c'était, en vérité, sans le vouloir, qu'elle en avait passé la porte ? Elle ne songea point à se le demander, toute à la surprise de trouver la vaste pièce inondée de soleil et de joie. Les vitrages de la croisée étaient grands ouverts ; des bouffées d'air tiède emplissaient la chambre de parfums printaniers.

Douceline s'approcha de la fenêtre : des oiseaux chantaient dans les mûriers de la terrasse ; des vapeurs bleues traînaient sur les collines lointaines ; les clochettes d'un troupeau tintaient sur le chemin. Tout était pénétré d'une telle douceur, l'harmonie de ces choses simples et humbles était si parfaite, éveillait dans l'âme de la jeune fille tant d'émotions, qu'elle s'en trouva étrangement troublée. Elle était plus indifférente, d'ordinaire, aux séductions du monde extérieur... Que se passait-il donc ? La tête lui tournait un peu, ses joues brûlaient.

Or, il y avait dans la chambre d'Huguette, qui était la plus belle et la mieux ornée de la maison, il y avait, sur le mur opposé à la fenêtre, un miroir d'Allemagne dont Bérenguier lui avait fait présent du temps de leurs fiançailles. Comme elle allait quitter la pièce, Douceline soudain s'y apparut. Elle détourna aussitôt la tête et voulut continuer à avancer, mais elle en fut empêchée tout à coup ; une force irrésistible, indomptable, avait rivé ses pieds au sol. Elle était là, droite, immobile, devant ce miroir, possédée par la tentation de voir son visage que, depuis des années, par modestie, elle n'avait point vu et luttant désespérément, de toute son énergie, contre cette tentation. Elle ferma les yeux, mais des doigts invisibles, malgré elle, les lui rouvrirent. Alors elle ne put s'empêcher de se regarder.

Elle était de taille moyenne et bien proportionnée ; ses gestes avaient de la souplesse et de la grâce. La régularité de ses traits, la matité de son teint, l'abondance de ses cheveux bruns, l'expression de ses yeux noirs, profonds et cependant très limpides, la fraîcheur de ses lèvres, donnaient à sa physionomie un charme incomparable, quelque peu farouche et en même temps plein de la plus exquise douceur, à la fois passionné et célestement candide.

Et Douceline se regardait. Elle ne s'était pas imaginée, jamais elle n'aurait osé s'imaginer telle qu'elle se voyait ; elle serait morte de honte, depuis longtemps, si elle avait eu la révélation de sa beauté. Certaine de n'avoir rien épargné, ni privations ni mortifications, pour faire d'elle-même un objet de répulsion et de dégoût, jusqu'à présent elle s'était cru laide ; et voici qu'à moins d'offenser Dieu et de se révolter contre ses desseins, elle se voyait forcée de constater le contraire. Oh! avec quelle confusion, avec quelle épouvante et quel mépris d'elle-même! Et elle eut peur ; elle eut peur de ses yeux, de ses lèvres, de ses cheveux ; elle se fit horreur. Ainsi ses macérations, ses jeûnes, les supplices incessants qu'elle infligeait à sa chair, cela n'avait servi de rien! De rien, non plus, n'avaient servi ses prières, ses méditations, ses charités, les soins qu'elle donnait aux malades! Elle se sentit rouler dans un abîme de désespoir. Dieu, décidément, l'abandonnait!

Elle voulut de ses mains se cacher le visage ; ses mains lui refusèrent leur aide : elles étaient comme paralysées. Elle voulut prier : son cœur était aride. Elle voulut crier : sa voix se refusait à dépasser ses lèvres. Elle fut ainsi, durant quelques instants, la proie des plus affreuses souffrances qu'elle eût jamais connues. Elle se sentait ne plus exister elle-même autrement que sous les apparences de cette image exécrée qui lui souriait, diabolique, derrière l'eau trouble de cette plaque de verre argenté, sur le fond d'azur du renouveau, au milieu des arbres fleuris de neige blanche et de neige rosée, sous les apparences de ce fantôme aux yeux étincelants, aux lèvres rouges, toutes sanglantes, aux cheveux de ténèbres traversés de fulgurants rayons...

Enfin un cri jaillit de sa bouche :

— Mon Dieu! Mon Dieu! Ayez pitié de moi!

Et le charme aussitôt fut rompu ; ses nerfs, bandés à se rompre, se détendirent, elle recouvra l'usage de ses membres ; elle put fuir la vision maudite d'elle-même et se réfugier dans sa chambre où, serrant entre ses bras contre son pauvre corps sanglotant et meurtri le crucifix sacré, elle demeura jusqu'à la nuit à se mortifier et à prier.

VI

Enfin le jour du départ arriva.

Dès le matin, la maison de Bérenguier se trouva pleine de monde, chacun désirant lui dire adieu ainsi qu'à Douceline. Tous les notables de Barjols étaient là et tous les pauvres gens, en grande foule, à qui jadis la vertueuse Huguette et naguère, et la veille encore, sa fille et son mari avaient si généreusement prodigué les secours et les soins.

Les compagnes de Douceline étaient là aussi, dont plusieurs, ne pouvant contenir leur chagrin de se séparer d'elle, versaient d'abondantes larmes.

— Tu penseras à moi, disait celle-ci.

— Me promets-tu de ne pas m'oublier? disait celle-là.

— Oui, oui, je penserai à toi. Non, non, je ne t'oublierai pas, répondait Douceline.

Mais elle ne pleurait pas ; elle les regardait avec indifférence, ne comprenant pas qu'elles puissent se désoler ainsi de la voir partir, les plaignant au fond de son cœur d'attacher tant de prix aux affections humaines. Pour elle, elle abandonnait sans regret la maison de son enfance, le jardin où elle avait fait ses premiers pas, ses amies, son passé ; elle quittait sans regret ce coin du monde où tant de liens, semble-t-il, auraient dû la retenir. Le passé! Ce mot n'avait pour elle aucune signification. Le passé, c'est de la mort, et la vie seule existe, la vie que Dieu a faite si belle, si claire, si lumineuse pour ceux qui suivent sa voie!

Une seule chose, peut-être, l'eût attendrie : la vue des petits enfants auxquels elle avait appris à prier et à louer Notre-Dame et son divin fils, à chanter des cantiques, à tresser des couronnes et des guirlandes pour l'ornement des églises et des chapelles. Aussi, quand, au moment de franchir pour la dernière fois le seuil de la demeure familiale, elle les vit se suspendre à sa robe, se serrer autour d'elle, tendre vers elle leurs mignonnes mains et leurs mignonnes bouches, quand elle les entendit la supplier de ne pas les abandonner, elle sentit son courage faiblir ; mais elle songea aussitôt qu'au pays où elle allait vivre, et ailleurs, et partout, il y avait d'autres petits êtres, semblables à ceux-ci et qui avaient besoin d'elle, et que la charité et l'amour de Dieu se peuvent pratiquer et enseigner en n'importe quel lieu de la terre.

Quant à Bérenguier, il n'eut point la force de retenir ses pleurs : c'était une âme sensible à toutes les choses extérieures. Les serrements de mains, les effusions, les étreintes de ses amis lui déchiraient le cœur.

— L'on se reverra bien quelque jour, disait l'un.

— L'on ira vous rendre visite à Hyères, disait l'autre.

— Non, répondit-il ; je suis trop vieux, je n'ai plus longtemps à vivre...

Et sa douleur redoublait ; il poussait de petits sanglots pressés et courts qui vous navraient.

— Allons, père, courage, il faut partir.

Elle l'entraîna ; il la suivit.

Mais quand, après une heure de marche, ils se trouvèrent parvenus au sommet de la colline dominant le pays et fermant l'horizon qu'il quittait pour toujours, il voulut s'arrêter et y jeter un dernier regard.

Le temps était très clair ; l'air avait une limpidité cristalline.

— Voyez, ma fille, dit-il, c'est là-bas... Suivez des yeux cette rangée de cyprès, derrière le chemin qui serpente à travers la vallée... Là, un peu plus haut, à droite, reconnaissez-vous les murs de nos terrasses, les toits de tuile de notre vieille maison, le petit oratoire dans les oliviers. Ah! les bonnes, les douces heures que nous avons vécues là! Et dire qu'elles ne reviendront plus jamais... jamais... c'est bien fini.

Il se remit à pleurer.

— Venez, mon père. Il ne faut pas regarder derrière soi sur la route de la vie, mais devant soi, toujours. Fions-nous à Dieu!

Et elle le prit par la main comme un enfant. Il se laissa faire en soupirant.

VII

Sitôt arrivés au terme de leur voyage, ils se rendirent au couvent des Frères Mineurs, pour s'informer du saint père Hugues qui, depuis quelques années, y avait fixé sa résidence. Ils n'eurent pas de peine à le reconnaître : la croix franciscaine qui porte attachés à ses bras les ins-truments de la Passion, la lance, l'éponge de fiel, la couronne d'épines et les clous, était debout, selon la tradition, au milieu d'une petite place d'herbe brûlée par le soleil, sur le chemin qui, des dernières maisons de la ville, conduisait à la mer. C'était une assez grande bâtisse, d'un seul étage, au toit de tuiles roses, aux murs blancs percés d'étroites fenêtres garnies de volets bruns.

L'angélus de midi sonnait au clocher de la chapelle quand Bérenguier et Douceline pénétrèrent dans la cour où s'ouvraient les portes des cellules.

— N'est-ce pas lui, là-bas, ce bon frère qui vient au-devant de nous? dit Bérenguier dont l'émotion voilait la vue.

— Non, mon père, votre fils est de plus haute taille et plus fort aussi, observa Douceline.

Puis au religieux qui les avait rejoints :

— Le frère Hugues est-il au couvent, mon bon frère? demanda-t-elle.

— Le frère Hugues est parti d'Hyères, il y a quelques mois déjà, pour l'Italie. Son absence nous attriste tous ici, car nous l'aimons et le vénérons.

— Le frère Hugues est mon fils, dit Bérenguier avec une fierté attendrie, et cette jeune fille qui m'accompagne est sa sœur. Sait-on quand il doit revenir?

— Il est sans cesse en route de-ci, de-là, pour le plus grand bien de notre ordre. Chaque jour nous remercions Dieu de nous l'avoir donné pour chef : il est notre exemple et notre soutien et lui obéir nous est doux. Mais ne voudriez-vous pas vous reposer un peu et prendre quelque nourriture? Vous semblez fatigués tous deux...

Ils acceptèrent. Le repas fut des plus humbles : du poisson, des olives noires, quelques figues et de l'eau, mais il parut à Bérenguier et à Douceline qu'ils n'avaient jamais fait meilleure chère. Dans l'âme de la jeune fille, mille images pénétraient qui, par leur simplicité et leur douceur, lui étaient un enchantement. Ah! que c'était bien là le tableau de la vie qu'elle rêvait, paisible et saine, dépourvue de toute occasion de trouble et d'inquiétude, vouée tout entière à la pratique du bien et aux soins pieux, loin des vanités et des bruits du monde!

Quant à Bérenguier, s'il avait pu lui arriver, au cours du voyage qu'ils venaient de faire, de donner un regret au passé, il se sentait maintenant enveloppé d'une atmosphère de sérénité lumineuse et comme rajeuni et surtout plus léger. Jamais l'aisance où il avait vécu jusqu'alors ne lui avait semblé aussi méprisable... puis, la présence du saint père Hugues était entre eux, en eux sans cesse.

— Voici sa place habituelle, disait le bon religieux qui les servait ; elle restera libre jusqu'à son retour, car nul n'est digne de l'occuper. Parfois, au beau milieu de nos repas, il se lève et nous prêche. Comme notre bien-aimé père François qui est aujourd'hui dans le sein de Dieu d'où il veille sur nous et prie pour nous, il sait nous émouvoir par son éloquence familière ; il se met à notre portée, lui qui est cependant un grand docteur et qui possède toute la science des choses divines.

— Permettez-moi, mon bon frère, dit timidement Bérenguier, de vous poser une question. Comment se portait-il avant de vous quitter ?

— Mais fort bien, fort bien, en vérité.

— Ne souffrait-il plus de ces affreux maux de tête qui le tourmentaient si souvent autrefois ?

— Du tout, depuis un jour que, sur la route d'Assise à Pérouse, comme il se plaignait de souffrances intolérables aux tempes et à la nuque, notre saint père François lui imposa les mains.

— Dieu soit loué ! s'écria Douceline, et deux larmes brillèrent dans ses beaux yeux levés vers le ciel.

Cependant, comme ils venaient d'achever leur

repas, d'autres frères s'étaient approchés d'eux ; ils avaient appris la présence de Bérenguier et de Douceline, père et sœur de leur « cher frère Hugues ». La joie était sur tous les visages et la joie était aussi dans tous les cœurs et la joie était aussi dans toutes les choses environnantes.

Les murs du réfectoire étaient blancs, une clarté délicieuse entrait par les fenêtres et dans le cadre de la porte, par delà la haie qui fermait la cour du couvent, la campagne souriait au soleil. Un vol de pigeons blancs s'abattit sur les toits roses ; on entendait le bruit de leurs petites pattes sur les tuiles ; des dindons et des poules picoraient entre les dalles le grain que l'on venait de leur jeter ; un vieux chien avait posé sa grosse tête sur le genou de Douceline et lui léchait la main. La jeune fille était au comble du ravissement. Elle regardait ces choses et ces êtres familiers d'un œil émerveillé, comme si, vraiment, elle les avait vus pour la première fois, et dans le fond de son cœur exalté elle rendait grâces à Dieu, appelant de tous ses vœux et de toute l'ardeur de son désir le jour où il lui serait possible de se consacrer entièrement et définitivement à son service.

En attendant, sitôt qu'ils furent installés dans la petite maison en vue de la mer qu'ils avaient rêvée, elle reprit à Hyères la vie qu'elle menait naguère à Barjols. Elle eut vite fait de connaître les malades, les infirmes et les pauvres du pays. Ils sont, hélas! toujours nombreux dans toutes les contrées de la terre ; sous la lèpre, sous la sanie, sous les haillons sordides, ils sont partout semblables les uns aux autres ; ils sont partout les membres de Jésus-Christ. Malheur à qui passe près d'eux en détournant la tête, malheur à qui ne sait pas distinguer le signe de lumière qui les marque au front !

Douceline les aimait : elle trouvait, pour les consoler, les paroles d'espérance et de douceur; pour endormir leurs souffrances, les remèdes qui font croire à la guérison prochaine. Déchargée maintenant des soucis de ménage qui lui incombaient à Barjols, elle pouvait leur donner tout son temps.

Plus leurs plaies étaient hideuses et fétides, plus elle éprouvait de joie à les laver et à les panser ; au point qu'elle regrettait et se reprochait parfois de n'en pas ressentir assez de répugnance, ce qui la privait d'avoir à se vaincre. Mais la charité doit savoir sourire... et Douceline souriait. Ce sourire de la pieuse jeune fille, ce sourire qui était fait de tendresse autant que de pitié, ce clair sourire si limpide et si pur, avec quelle impatience il était attendu au fond de ces géhennes où la misère et la maladie supplicient les pauvres humains ! Dès qu'elle apparaissait au seuil, le blasphème expirait sur les lèvres tordues par la souffrance et dans les yeux hagards, dévorés par la fièvre, une lueur d'espoir étincelait.

VIII

Or, il arriva qu'un soir d'automne, Bérenguier ramassa sur la route un pauvre homme que des brigands avaient assailli et dévalisé. Il gisait, inerte, dans la boue, la poitrine ouverte. Avec l'aide d'un passant, Bérenguier le hissa sur son cheval ; l'homme respirait encore. Mais la nuit était très épaisse : le cheval butait aux trous du chemin défoncé par les averses, et à chaque secousse un flot de sang noir s'échappait de la bouche du blessé.

Durant des semaines et des semaines, Douce-line le soigna, ne le quittant que pour courir en hâte auprès des malades et des infirmes à qui ses soins étaient le plus nécessaires et pour les autres, au lieu de les visiter, comme elle en avait l'habitude chaque jour, elle ne les visitait plus que deux ou trois fois la semaine, ce dont ils se plaignaient amèrement ; quelquefois même Bérenguier dut la remplacer, mais ses mains étaient maladroites et la vue de la souffrance physique l'impressionnait trop vivement.

C'était un jeune Italien de haut lignage qui se rendait à l'Université de Paris pour terminer ses études théologiques. Sa famille habitait Castiglione d'Ombrie, sur les bords du lac Trasimène.

Il avait un visage empreint à la fois de douceur et de fierté, une voix chaude et chantante dont la jeune fille subissait, sans le savoir, le charme, à cause, évidemment, des belles histoires qu'il racontait et qui étaient bien faites pour toucher son cœur.

L'on était en janvier ; l'hiver était si tiède que l'on pouvait garder tout le long du jour les fenêtres grandes ouvertes, et le malade voyait, de son lit, miroiter les marais salants et sourire la mer bleue à travers les amandiers en fleurs. Les jardins étaient pleins de roses dont le parfum s'exaltait sous les caresses du soleil, et le bruit des flots mourant là-bas sur la plage semblait la respiration de cette terre enchantée. Enfin il y avait partout une telle douceur répandue que par moments il croyait être encore dans son pays natal, au cœur de la suave et voluptueuse Ombrie. Alors le souvenir de la maison familiale, le regret des siens le remuaient si profondément qu'il ne parvenait plus à retenir ses larmes. Que de fois Douceline le surprit qui avait les yeux encore trempés de pleurs !

Tout le jour, elle allait et venait, réservée et chaste, à travers la maison. Il entendait son pas monter les marches, il jouissait déjà de sa présence, et son cœur battait un peu plus fort. Les pas s'arrêtaient ; elle avançait la tête contre un des montants de la porte. Elle ne regardait pas, elle demandait seulement :

— Manquez-vous de quelque chose, seigneur ? Ou bien :

— Vous trouvez-vous mieux en ce moment ? Puis disparaissait ; mais de l'avoir simplement aperçue, d'avoir entendu simplement le son grave et uni de sa voix, il se sentait soulagé dans sa souffrance et reprenait goût à la vie. D'autres fois, il faisait semblant de dormir et, la tête appuyée sur l'oreiller, demeurait immobile ; mais il la contemplait à travers la fente, voilée par les cils, de ses paupières baissées, et elle lui apparaissait toute petite, comme très lointaine. Elle portait une robe, à plis droits, d'étoffe grise bourrue et une sorte de capuce, à la manière des béguines. Elle était debout au milieu de la chambre ; elle s'avançait vers son lit sur la pointe des pieds ; une fois il avait senti passer sur son front le souffle de la jeune fille qui s'était penchée pour l'entendre respirer... il n'avait point bougé mais il avait bien eu l'impression que son propre cœur s'arrêtait de battre...

Quelquefois, le soir venu, maintenant que sa guérison était certaine et que l'on ne risquait plus, en restant près de lui, de le fatiguer, elle s'asseyait en compagnie de son père dans la chambre du malade, et il leur parlait de saint François.

Castiglione del Lago n'est guère qu'à trois journées de marche d'Assise. Le *poverello* y venait souvent. On accourait vers lui, les femmes lui présentaient leurs enfants à bénir, les hommes baisaient le bas de sa robe et la trace, dans la poussière, de ses pas. Au milieu du lac, il y a une île sauvage toute en épais fourrés de ronces entremêlées. Saint François, s'y étant fait passer le jour des Cendres, y demeura seul jusqu'au matin du jeudi saint, c'est-à-dire durant tout le Carême, dans l'abstinence et la prière ; des deux pains qu'il avait apportés avec lui, le batelier qui revint le chercher trouva l'un tout entier et la moitié de l'autre.

Un jour, se promenant sur les bords du lac, il prêcha les poissons. L'eau est toujours limpide et l'on pouvait les voir qui, de loin, se hâtaient à sa voix en agitant plus vite leurs nageoires et leur queue et se pressaient les uns contre les autres, avides de l'entendre et levant vers le saint leur tête attentive ; et comme, tout en discourant, il continuait de marcher, ils le suivaient docilement le long des rives.

Douceline et Bérenguier s'émerveillaient de ces prodiges.

— Et vous l'avez vu, lui, de vos yeux, de vos

propres yeux? Et vous l'avez touché de vos mains? demandait Bérenguier. Est-ce possible?

— Vous avez entendu le son de sa voix? disait Douceline.

— Était-il grand... ou petit? Gras ou maigre? Quelle était la couleur de ses cheveux? Portait-il la barbe? interrogeait encore Bérenguier. Comment était-il, enfin?

— Je ne sais plus, répondait le jeune homme ; cela est étrange... je ne sais plus. J'ai l'impression, cependant, qu'il était plutôt de petite taille et assez frêle... que ses yeux étaient noirs... sa voix très douce... sa physionomie pleine de bonté et de gaîté, oui, de gaîté... mais je n'en suis pas sûr. Je me rappelle pourtant, très nettement, les traits de certains de ses compagnons, par exemple de ce Pierre de Catane qui l'avait suivi dans sa mission chez le sultan d'Égypte et je me souviens très bien aussi du frère Pacifique qui, avant sa conversion, avait reçu au Capitole, de la main même de l'Empereur, la couronne de laurier d'or du poète... et je ne les ai vus qu'une fois. C'étaient des hommes comme les autres, tandis que lui. Lui!...

Il s'interrompait, ému.

— Lui? demandait Bérenguier.

— Oh! dites! suppliait Douceline.

— Lui! reprenait le jeune homme, c'était un être surnaturel. On pourrait presque dire qu'on ne le voyait pas ; l'on sentait sa présence à l'apaisement délicieux qu'elle versait en vous et à la lumière qui rayonnait de son regard... mais ses formes humaines, son apparence, le vêtement qu'il portait, tout ce par quoi nous distinguons entre eux les hommes, tout cela disparaissait, s'évanouissait. Il parlait, et les cieux s'ouvraient ; il disait des choses que personne avant lui n'avaient dites, mais en ne se servant que des mots les plus ordinaires et que tout le monde emploie couramment, des choses qui vous allaient droit au cœur et qui faisaient que, pendant qu'on les entendait, l'on pouvait se croire tout près du cœur de Dieu...

— Oui, oui, c'est cela, c'est bien cela, c'est bien ce que j'imaginais, s'écriait Bérenguier. Tu as entendu, petite?

Mais Douceline ne l'écoutait pas. Transfigurée, toute pâle d'extase, les yeux fixés sur les yeux du jeune Italien, elle y cherchait le reflet des radieuses images auxquelles ils avaient servi de miroir et dans un élan de son être vers le Maître souverain des destinées, elle le suppliait silencieusement de hâter l'heure fixée par lui de toute éternité, la minute tant appelée où il lui permettrait enfin de n'être plus qu'à lui...

Cependant, grâce aux soins dont elle l'avait entouré, le jeune homme voyait s'achever sa guérison : quelques jours encore et il n'aurait plus le droit de continuer à accepter l'hospitalité que Bérenguier lui avait si généreusement offerte et donnée. Il lui faudrait quitter la paisible demeure où depuis deux mois il avait été, malgré ses souffrances, si heureux ; il lui faudrait renoncer pour toujours à la vue de Douceline. Il lui devait la vie ; sans elle, évidemment, il n'aurait pu survivre à ses atroces blessures... et voici qu'il se trouvait forcé de se séparer d'elle, sans conserver l'espoir de la revoir jamais.

Une morne tristesse s'empara de lui ; le paysage ensoleillé qu'il avait si joyeusement, durant tant de jours, contemplé lui sembla tout à coup se voiler de deuil ; le parfum des roses que la brise du soir lui apportait encore, mêlé à l'odeur salée de la mer, laissait à ses lèvres un goût d'amertume et il restait des heures sans mot dire, à ruminer des pensées de désespoir et de mort. Ah ! comme les brigands qui l'avaient assailli sur la route avaient eu tort de ne pas l'achever !... Et les jours passaient.

La veille de celui qu'il avait fixé pour son départ arriva. Comme ils étaient assis tous trois dans le petit jardin de la blanche maison, après le dîner, il dit tout à coup :

— Demain soir, à pareille heure, ô mes amis — permettez-moi de vous donner ce nom sacré ! — je serai déjà loin de vous. Mes amis, les paroles me manquent pour vous exprimer ma reconnaissance. Vous m'avez recueilli à demi-mort, vous avez pansé mes plaies, vous me rendez aujourd'hui à la vie, aux miens, à la lumière du soleil, à toutes les beautés que Dieu a répandues autour de nous pour nous donner un peu de joie... voilà ce que vous avez fait pour moi que vous ne connaissiez pas, qui étais pour vous un étranger ! Moi, que puis-je faire, en retour, pour vous ? Rien, hélas ! rien, rien. Voyez, mes mains sont vides. Mais votre pensée, je vous le jure, jamais ne sortira de ma mémoire, votre pensée me suivra partout, jusqu'à mon dernier jour, comme mon ombre et le souvenir des bienfaits dont vous

m'avez comblé me demeurera toujours vivant...
toujours, toujours...

Il ne put continuer ; il se mit à pleurer.

— Mais non, intervint Bérenguier que l'émotion gagnait aussi, nous n'avons fait que remplir
notre devoir de chrétiens. N'importe qui, j'en
suis bien sûr, aurait agi de même. N'est-il pas vrai,
ma fille ?

Elle hésita un instant, puis, d'un ton ferme, en
regardant fixement dans les yeux le jeune homme :

— Mon père a raison, dit-elle ; c'est à nous,
en effet, de rendre grâces à Dieu qui nous a fourni
l'occasion de venir en aide à une de ses créatures.

Il ne trouva rien à répondre. Elle s'était levée,
elle s'approcha de lui :

— Adieu, prononça-t-elle d'une voix blanche.
Adieu et bon voyage.

Puis, ayant tendu son front au baiser de son
père, elle rentra dans la maison. Le crépuscule
descendait ; quelques instants encore, il put la
voir aller et venir à travers les pièces envahies
par l'ombre, vaquant aux soins de l'humble
ménage, pareille à un pâle fantôme. Et il se rappela le jour qu'elle était entrée dans sa chambre
et qu'elle s'était penchée sur son sommeil. Ah !
que n'avait-il osé lui dire alors le secret dont

son cœur était plein, le fervent aveu qui lui consumait l'âme ! Trop tard, maintenant, trop tard.

L'angélus du soir sonna. Il la vit là-bas se mettre à genoux, joindre les mains ; puis il l'entendit qui, à haute voix, récitait la tendre prière. Ce fut sur sa tête, contre son visage, comme un vol d'ailes angéliques qui passa, l'effleurant, le purifiant, l'inondant de sérénité, et tout désir et tout regret d'amour s'éteignit aussitôt en lui. A la lumière qui dans le crépuscule agonisant illuminait les traits de Douceline, il comprit qu'elle n'appartenait déjà plus à la terre et que cette clarté émanait du même foyer qui transfigurait l'apparence du *poverello* d'Assise. Le lendemain, sitôt l'aube parue, il reprenait le chemin de l'Ombrie.

Ce fut la première et dernière rencontre de Douceline avec l'Amour.

IX

Le temps, d'ailleurs, était proche où Dieu, en montrant à la jeune fille les voies par lesquelles il avait décidé de la conduire, allait lui permettre de réaliser enfin le vœu le plus cher de son cœur.

Bérenguier vint à mourir. Après quelques jours de maladie, il s'éteignit doucement, sans souffrance, pressant contre ses lèvres la main de Douceline. Comme il achevait de rendre le dernier soupir, une pauvre femme du voisinage entra en criant dans la chambre et se jeta aux pieds de la jeune fille.

— Ah ! Douceline, suppliait-elle, venez tout de suite et ne tardez. Mon fils a eu les deux pieds écrasés par la roue de son chariot ; c'est affreux ! Venez le soigner ; si vous ne venez, il mourra.

Alors, se penchant vers le visage du mort, Douceline dit :

— Le permettez-vous, mon bon père ? Vous n'avez plus besoin de moi maintenant, et quand j'aurai pieusement fermé vos yeux... je vous aurai rendu le suprême devoir.

Ce qu'elle fit, puis, s'éloignant de la couche funèbre :

— Allons, à présent, allons vite ! dit-elle à la pauvre femme d'une voix qui ne tremblait point.

*_**

Le surlendemain, après avoir confié à la terre le corps de Bérenguier, Douceline s'en retournait vers la ville avec trois autres dames et demoiselles de ses amies, lorsque la visitation de Dieu vint au-devant d'elle.

A un tournant du chemin, deux femmes leur apparurent. Elles marchaient doucement, d'un pied léger, accompagnées d'une petite fille qui, à quelques pas derrière elles, s'amusait à cueillir les humbles fleurettes dont était parfumé le talus de la route. Elles se ressemblaient ; elles étaient vêtues de noir et portaient sur la tête des voiles de toile blanche.

Dès qu'elles aperçurent Douceline et ses compagnes, elles les saluèrent joyeusement ; une sérénité infinie illuminait leurs traits.

Alors la jeune sainte, s'étant avancée vers elles :

— Qui êtes-vous ? demanda-t-elle. A quel ordre appartenez-vous ?

— A cet ordre, répondirent-elles, qui plaît à Dieu.

Puis montrant leurs voiles :

— Prends ceci et suis-nous.

Et elles disparurent aussitôt, les deux dames et la fillette ; il ne resta de leur apparition, sur le chemin, que les fleurettes échappées des doigts de l'enfant et qui exhalaient comme un parfum merveilleux ; mais il fut impossible à Douceline et à ses amies de retrouver les mystérieuses passantes. Elles les cherchèrent partout, demandant à ceux et à celles qui allaient et venaient par les rues s'ils n'avaient point rencontré deux dames habillées de noir, la tête couverte d'un voile blanc, avec un grand manteau tombant jusqu'à leurs pieds... Une petite fille les accompagnait... leurs visages étaient débordants d'allégresse... Personne ne les avait vues.

Alors Douceline comprit ce que signifiait la parole des deux inconnues et qu'elles étaient des messagères d'En-Haut. « Prends ceci et suis-nous », cela voulait dire : quitte les parures du siècle, dépouille à jamais tout attachement aux choses de la terre et, à l'exemple de la Mère de Dieu qui, tant qu'elle demeura en ce monde après la mort de son fils, porta le manteau et le voile, abandonne les vanités et les spectacles où tes yeux se sont jusqu'à ce jour complus et prononce le vœu de ne plus appartenir qu'à Notre-Dame et à Notre-Seigneur.

Et, à quelque temps de là, le frère Hugues étant de passage à Hyères, elle le consulta, et, après lui avoir raconté ce qui était arrivé, lui dit son intention de fonder un établissement de béguines, et qu'elle en avait parlé à plusieurs des pieuses dames de la ville en la compagnie desquelles elle visitait depuis longtemps, comme il le savait, les malades et les pauvres, et qu'elles étaient disposées à la suivre et à se conformer à la règle dont elle-même avait établi les points principaux qu'elle lui soumit et qu'il approuva et que bientôt, s'il le voulait bien, elle prononcerait entre les mains de ce saint père ses vœux solennels et qu'elle ne doutait pas que ces dames en fissent autant.

X

Ce qui eut lieu, en effet, au cours d'un sermon que le frère Hugues prêcha le dimanche suivant, en plein air, comme à son ordinaire, car aucune église n'était jamais assez vaste pour contenir la foule qui, chaque fois qu'il prenait la parole, accourait l'entendre. Elle était plus nombreuse encore ce jour-là, et la grande place qui s'ouvrait devant le couvent des Frères Mineurs était encore trop étroite pour un tel concours de peuple. Des gens étaient montés sur les toits des maisons et des grappes d'enfants s'accrochaient aux branches des arbres. Des paysans étaient venus dans leurs charrettes, des seigneurs, à cheval, avec leurs femmes ou leurs enfants en croupe ; une familiarité charmante rapprochait tous ces êtres unis déjà par les liens de la même foi ardente et simple, et la même expression se lisait sur ces milliers de visages, et la même flamme brillait dans ces milliers de regards tendus vers la chaire dressée au milieu de la place et d'où bientôt allait se disperser, au geste du semeur, dans la claire lumière du ciel attendri, le grain de la divine parole.

L'éloquence du frère Hugues était émouvante et forte, inspirée et familière, féconde en mouvements qui remuaient les cœurs, âpre et tendre, et quand il parlait, l'on tremblait « comme le jonc dans l'eau ». Il était l'ami de Jean de Parme, l'un des futurs généraux de l'ordre franciscain et, comme celui-ci, tout pénétré des révélations qu'avait apportées à la Chrétienté le prophète de la Calabre, ce mystérieux et apocalyptique Joachim de Flore au front de qui étincelait comme un reflet du buisson de flamme de Pathmos. Il n'y avait pas longtemps, d'ailleurs, que la grande voix de Joachim s'était éteinte (Joachim était mort en 1202) et ses échos vibraient encore, terribles à la fois et très doux, comme le message dont il avait été l'annonciateur.

Joachim prédisait la venue prochaine de l'Antechrist, puis, après une époque d'épouvante et d'abomination, le règne glorieux de l'Évangile Éternel, « le temps de la paix et de la vérité sur la terre entière ». Que donc ceux qui aiment Dieu préparent leur salut terrestre. « S'il y a quelqu'un de la maison de Loth, s'écriait-il, qu'il se hâte de fuir loin des murs de Sodome ; s'il y a quelqu'un de la famille de Noé, qu'il s'empresse de rejoindre ceux qui sont à l'abri dans l'arche ! » Car l'heure annoncée par Jean est prochaine où « une bête sortira de la mer, qui aura dix cornes et sept têtes, et sur ses dix cornes dix diadèmes et sur ses têtes des noms de blasphèmes », où « une autre bête montera de la terre, qui aura deux cornes semblables à celles d'un dragon, et qui parlera comme un dragon », où paraîtra « un ange tenant sept fléaux par qui s'accomplira la colère de Dieu ». Mais ensuite naîtront un nouveau ciel et une nouvelle terre. « Et du ciel, d'auprès de Dieu, descendra la ville sainte, la nouvelle Jérusalem, préparée comme une épouse qui s'est parée pour son époux » ; « son éclat sera semblable à celui d'une pierre très précieuse, d'une pierre de jaspe transparente comme du cristal »... Et « l'Esprit et l'épouse diront : Viens. Et que celui qui entendra dise : Viens. Et que celui qui aura soif vienne et que celui qui voudra prenne de l'eau de la vie, gratuitement. »

Cette Jérusalem nouvelle, ce monde de joie, de lumière, de vérité, le *poverello* d'Assise en avait ouvert à tous, par la seule force de l'amour, les portes d'or, et de la mer jusqu'à la mer, — ainsi que l'avait prédit des hauteurs de sa solitude, au cœur des Alpes très froides, l'ermite calabrais, — une religion nouvelle était née sur une terre rajeunie, toute parfumée des fleurs d'un éternel printemps, et où coulaient le lait et le miel. Ce miracle de joie, il avait suffi pour l'accomplir qu'un homme se levât et mît en action le sublime précepte du maître : « Aimez-vous les uns les autres et aimez-vous comme j'aime mon Père. Soyez unis à moi par l'amour comme je suis uni au Père. Attachez-vous à moi comme les branches au tronc de la vigne. Serrez-vous autour de moi comme font les brebis autour du Bon Pasteur. »

Cette Jérusalem nouvelle, c'est sur la colline d'Assise qu'en descendant du ciel elle s'était posée; cette religion nouvelle, c'est dans les vallons et les plaines de l'Ombrie qu'elle était née, parmi les oliviers et les cyprès, au sein de cette nature si pareille à celle où étaient nés, où vivaient les braves gens assemblés ce matin-là autour du frère Hugues et dans le cœur desquels la voix enflammée de l'apôtre versait en ce moment de si profondes et si douces émotions.

Les maisons qui entouraient la place, toutes cuites par le soleil, avec leurs toits de tuiles roses, les types de ces hommes et de ces femmes, leurs cheveux bruns, leurs yeux noirs, l'éclat du ciel, l'intensité de la lumière, l'enthousiasme qui exaltait les âmes, les élans de lyrisme, la naïve ardeur, les images brillantes, la fièvre d'amour divin qui vibraient dans les paroles du frère Hugues, tout parlait du pays de bénédiction où pour la première fois avait résonné aux oreilles humaines le *Cantique du Soleil.* Sur cette foule attentive, comme sur les champs de blé l'ombre des nuages qui courent, de grands frissons passaient qui faisaient haleter les poitrines et mouillaient les yeux de larmes heureuses.

Enfin, la minute tant attendue arriva. Sur un signe de l'apôtre, depuis la chaire où il était monté jusqu'à la porte du couvent, les flots humains s'écartèrent et voici qu'au son des cloches, dans le silence bleu du clair matin, l'on vit s'avancer Douceline, suivie d'un grand nombre de dames et de demoiselles, toutes vêtues de noir et la tête recouverte d'un voile blanc. Elles marchaient lentement, les traits ravis, les regards fixés vers le ciel. Elles étaient cent trente et une qui, entre les mains du saint père, firent vœu de virginité et plus de quatre-vingts qui firent vœu de chasteté. Deux par deux, elles montaient auprès du frère Hugues et, pendant qu'il leur imposait les mains, prononçaient à haute voix la formule traditionnelle. Douceline parut la dernière.

Un murmure d'admiration s'échappa de toutes les bouches au moment où, ayant gravi les marches, elle se trouva comme suspendue dans le vide, au-dessus de la foule, inclinant la tête sous les plis rigides de son voile. Jamais elle n'avait été plus belle, jamais il n'y avait eu plus d'harmonie et plus de sérénité dans les traits de son visage, jamais il n'y avait eu plus de douceur et plus de tendresse dans ses yeux. L'on eût dit, tant elle était, malgré la couleur sombre de ses vêtements, éclatante et radieuse, que toute la lumière dont brillait le ciel émanait d'elle, de sa face et de ses mains jointes.

Elle s'agenouilla et prononça ses vœux. Après quoi, le frère Hugues, se penchant vers elle, lui dit :

— Relevez-vous, ma sœur.

Et l'ayant aidée à se mettre debout, car elle était comme défaillante, il déposa sur sa tête, à l'endroit où le bord du voile blanc serrait son front, un long baiser. Le silence était si profond que l'on pouvait entendre les sifflements des hirondelles tournoyant dans l'azur et le bruit que font en expirant sur le sable les petites vagues de la mer, par le temps le plus calme. Enfin, tout à coup, de ces milliers de cœurs haletants, un cri surgit :

— Alleluia ! Alleluia! Douceline! Douceline! Alleluia! Alleluia!

Des bras se levaient, des mains s'agitaient ; l'on pleurait, l'on s'embrassait ; les enfants je-taient leurs bonnets en l'air. Il n'y avait personne, en effet, dans cette foule innombrable, qui ne fût redevable à la jeune fille d'un bienfait. A celui-ci, un jour qu'il était dans la peine, elle avait apporté le réconfort d'une parole compatissante ; à celui-là, elle avait, alors qu'il était malade, donné ses soins ; ces orphelins, elle les avait nourris, les avait pris entre ses bras, les avait bercés et dorlotés ; cette femme, que son mari avait abandonnée, elle l'avait consolée ; ces vieillards, elle avait été pour eux le rayon qui réchauffe et redonne l'espérance ; à ces riches et nobles dames, elle avait enseigné la pure joie que l'on connaît à être charitable et bienveillant ; à ces jeunes filles, elle avait appris le dédain des coquetteries dangereuses et des vaines parures. Aussi tout le monde l'aimait, l'admirait, la vénérait ; tout le monde était fier d'elle et sa présence dans la ville était tenue pour tous pour une preuve de la protection céleste.

XI

De toutes les images, sublimes ou touchantes, magnifiques ou familières, qui illustrent la vie miraculeuse du Frère Séraphique, il n'en est point pour laquelle notre Douceline ait eu plus de tendresse que celle où on le représente se fiançant avec la Pauvreté. Autour des traits essentiels de l'épisode, fixés par le récit que lui en avait fait un jour le saint frère Hugues, elle avait composé avec son imagination méridionale, d'après certains détails, tous plus merveilleux les uns que les autres, fournis par de pieux voyageurs revenant d'Italie, le tableau le plus émouvant.

La scène se passait dans un jardin enchanté, plein de musiques et de lumière, avec des espaliers et des bassins de marbre. Sous un pavillon d'or, Francesco di Bernardone était assis, avec ses camarades, autour d'une table somptueusement servie ; tous vêtus de velours et de soie, et buvant et chantant et faisant des folies. Quand, tout à coup, Francesco se sentit visité du Seigneur ; son cœur s'emplit d'une telle douceur qu'il lui devint impossible de parler et de se mouvoir ; ses oreilles n'entendaient plus, ses yeux ne voyaient plus, le monde n'existait plus pour lui. Seule, cette douceur vivait en lui, qui anéantissait sa chair et le rendait entièrement insensible aux réalités environnantes. Si l'on avait voulu le couper en morceaux, il disait lui-même qu'il n'aurait pu ni fuir, ni faire le moindre mouvement.

Le voyant ainsi immobile et silencieux, ses compagnons l'interpellèrent :

— Eh quoi ! Francesco, que te prend-il ? Où es-tu parti ?

— Ton verre est plein ; rends-moi raison. A la santé de tes amours !

— Parbleu ! il songe à prendre femme !

— Est-ce cela ? dis, Francesco ? Est-ce cela ?

Il sursauta, puis, revenu à la réalité :

— Oui, mes amis, répondit-il vivement, oui, c'est cela ; mes amis, je songe à prendre femme. Mais celle que j'aime, celle avec laquelle je veux m'unir pour toute ma vie, est plus noble, plus riche et plus belle qu'aucune des femmes qui vivent sur la terre...

— Bravo ! Bravo ! Et... nous la connaissons ?

— Non, vous ne la connaissez pas, bien que vous l'ayez souvent rencontrée dans les rues et un peu partout ; mais vous avez toujours détourné d'elle vos regards, car sa beauté est de celles qui échappent aux yeux des hommes... que dis-je ? Les hommes ont peur d'elle... les hommes la méprisent...

— Est-elle jeune ?

— Éternellement jeune.

— Et belle ?

— Éternellement belle.

— Et riche?

— Plus riche que toutes les princesses de l'Orient. Mais pour la conquérir et pour la mériter, il faut que moi-même j'abandonne tout ce que je possède, tout mon bien-être, toutes mes aises, toutes mes richesses. Elle ne voudrait pas m'accepter autrement.

— Il est fou! Il est fou! s'écrièrent-ils.

Cependant la nuit s'achevait ; au vent du matin s'éteignirent un à un les flambeaux de la fête. Les oiseaux se mirent à chanter dans les arbres du jardin et les roses clartés de l'aube éclairèrent l'eau des bassins de marbre. Alors, ils s'approchèrent de Francesco dont ils s'étaient depuis un long moment écartés :

— Viens, mon Francesco, viens, lui dirent-ils.

Et comme ils regagnaient la ville, ils passèrent devant une église. Des mendiants dormaient sous le porche ; en entendant les éclats de rire de la troupe joyeuse, ils sortirent de leur retraite sur la place. Et l'un d'eux, le plus misérable et le plus répugnant de tous, qui avait la moitié de la face ravagée par un affreux ulcère et dont les loques vermineuses voilaient à peine la nudité, s'avança vers le fils de Bernardone :

— La charité, dit-il, seigneur, et que Dieu
vous garde.

Alors, sans hésiter, le jeune homme versa dans
la main tendue toutes les pièces d'or que conte-
nait sa bourse, puis, ayant dépouillé ses vêtements, il les échangea contre les hardes puantes
qui recouvraient les membres du pauvre diable ;
et il dit à ses compagnons :

— Vous connaissez à présent celle que j'ai
choisie pour femme : c'est la Sainte Pauvreté.

Aussi, dès qu'elle eut rompu avec le monde,
c'est-à-dire dès le lendemain du jour où elle
avait prononcé ses vœux, Douceline s'empressat-elle de distribuer aux pauvres tout ce qu'elle
pouvait encore avoir en sa possession, se montrant par là l'habile marchande qui, comme elle
voulait acheter la pierre précieuse de l'Évangile
de Jésus-Christ qu'elle avait trouvée — et c'est
la Sainte Pauvreté — abandonna pour elle tout
ce qu'elle possédait de terrestre. Et de ce jour-là
jusqu'à sa mort, elle n'eut jamais plus rien en
propre, ni robe ni vêtement, ni manteau ni

gonelle, ni habit de dessous, de sorte que, quand elle avait besoin d'en changer, elle demandait à ses filles d'y pourvoir pour l'amour du Seigneur. On raconte que les draps mêmes du lit qu'elle occupa dans sa dernière maladie ne lui appartenaient point et qu'une fois morte, il fallut qu'une des béguines se dépouillât de sa robe pour l'en revêtir ; de même pour le voile et le manteau.

Quoi d'étonnant, par suite, qu'elle ait eu à surmonter tant de difficultés, à vaincre tant d'obstacles avant d'assurer à sa fondation une existence solide et sûre.

XII

Elle s'installa d'abord, avec quelques-unes de ses compagnes, dans une maison située hors de la ville, à peu de distance du couvent des Frères Mineurs, sur les bords du ruisseau de Roubaud. C'était une vaste bâtisse qui appartenait à une de ces dames et qui se prêtait, en somme, assez bien à sa nouvelle destination. Trois corps de logis, d'un étage sur rez-de-chaussée, formaient une sorte de cour ouverte du côté du midi, à laquelle quatre cyprès, très vieux déjà, et régulièrement plantés aux quatre angles d'un carré de gazon, donnaient un air de cloître. Des vignes en espalier poussaient sur les murs, formant au-dessus de chaque fenêtre un auvent de verdure, et, près de la porte principale, il y avait un puits dont la margelle était creusée dans une sorte de niche et que surmontait un cadran solaire.

Comme sainte Claire, Douceline avait pour les fleurs une vraie tendresse ; aussi s'empressat-elle de transformer en parterre le tapis de gazon qui occupait le centre de la cour ; mais, comme sainte Claire dans son jardinet de Saint-Damien, elle n'y voulut cultiver que trois fleurs : la violette qui symbolise l'humilité, le lys qui est l'emblème de la pureté et la rose qui représente notre amour pour Dieu et pour les hommes. Et elle planta un beau rosier grimpant, aux roses rouges, au pied du poteau de fer auquel était suspendue la cloche traditionnelle, une cloche au son clair et léger, une cloche au son grêle et joyeux, comme toutes les cloches franciscaines ; et elle planta un beau rosier grimpant, aux roses blanches, au pied d'une grande croix de bois à peine équarri, qu'elle fit dresser au milieu du carré formé par les quatre cyprès, parmi les fleurs.

Alors, elle connut la plus pure et la plus grande joie de sa vie : son rêve était réalisé, le rêve que, depuis les premiers jours de sa petite enfance, elle avait nourri dans son cœur ; et quand le soir, une fois achevé son service auprès des malades et des indigents, elle rentrait de la ville, quand elle apercevait de loin, au milieu des champs, les murs dorés par les derniers rayons du crépuscule de la sainte maison, et les puissants cyprès pointant vers le ciel leur sombre quenouille, qui montaient la garde devant elle, elle sentait des larmes mouiller ses yeux, et plusieurs fois il lui arriva de s'agenouiller au milieu de la route pour remercier Dieu à qui elle devait un si intime et si profond bonheur.

Qu'étaient, en effet, les soucis que lui imposait l'obligation de subvenir, pour elle et ses compagnes, aux nécessités de la vie quotidienne, auprès des jouissances spirituelles dont elle était comblée? Il y eut bien des jours où le repas du soir des pauvres béguines ne se composait que d'une tasse de lait et de quelques olives, ou d'un morceau de pain qu'elles humectaient d'huile, selon la coutume provençale, mais qu'importait ? Elles étaient libres ! libres de toute servitude terrestre, exemptes de toute tâche mondaine, et toute privation leur était un plaisir.

Elles n'étaient que six d'abord, elles furent douze bientôt, et comme quelques-unes d'entre elles appartenaient à des familles aisées, la situation matérielle du béguinage s'en trouva un peu améliorée ; ce qui n'empêche que le jour où Mme Philippine de Porcellet, dame d'Artignosc, s'en vint auprès de la sainte mère pour lui demander de l'admettre dans la maison de Roubaud, elle y trouva un tel dénûment qu'elle en eut le cœur navré.

Douceline était malade et n'avait rien pour se soigner. De toutes les chambres du couvent la sienne était la plus étroite et la moins meublée ; elle l'avait voulu ainsi.

Mme de Porcellet la supplia humblement de bien vouloir accepter son aide ; lui dit qu'elle était toute prête à assurer son existence et qu'elle considérait comme une faveur toute spéciale qu'elle consentît à l'y autoriser.

— Vous me faites bien trop d'honneur, dame Philippine, et je ne mérite pas tant ; mais ce serait manquer au vœu de Sainte Pauvreté. Non, jamais, de personne je n'accepterai de quoi assurer ma

vie ; je dois pourvoir seule à mes besoins et j'y
pourvoirai. D'ailleurs, j'ai besoin de si peu !...
Nos sœurs n'ont pas besoin, non plus, de davantage. Il leur suffit qu'elles aient de quoi vivre,
modestement, simplement, avec la modération
qui convient à des femmes qui ont quitté le monde
pour se consacrer au Seigneur. Si je savais qu'il
doive jamais en aller autrement sous ce toit,
j'aimerais mieux l'abandonner de suite et me
retirer seule dans les bois, où du moins j'aurais
toute liberté d'en agir à ma guise, sans être con-
trainte d'assister à un spectacle que je réprouve
et qui offense Dieu. Soyez, cependant, remerciée,
dame Philippine, tant en mon nom qu'au leur
et croyez que je n'oublierai jamais l'offre si généreuse que vous m'avez faite et que je vous en
garde une gratitude infinie, connaissant la noblesse de votre cœur et de la pensée qui vous
inspirait en me la faisant. Voyez, d'ailleurs, que
manque-t-il autour de moi ?

Et elle montrait de la main les murs nus de
sa cellule.

Douceline, d'ailleurs, n'avait guère le loisir de
songer à elle-même. Non seulement, en effet, il

lui fallait veiller sur ses compagnes de qui le nombre grandissait sans cesse, mais elle avait encore à s'occuper de celles qui, dans le quartier de la ville proche la porte conduisant au couvent, s'étaient réunies et faites béguines, selon son exemple et sous son obéissance. Elle les visitait et les dirigeait, entretenant leur zèle, les excitant au bien, leur inspirant par la parole et par l'action l'amour des choses célestes. Elle était, à la fois, dure et tendre, inexorablement sévère et infiniment bonne, d'une rectitude de jugement et d'une finesse de pénétration surprenantes chez une femme qui, bien que n'étant pas ignorante et dénuée de toute culture, était loin de posséder intimement la science des hommes et des choses, dont il semble qu'il faille être armé pour accomplir de grandes œuvres. C'est qu'en vérité, tout en ne sachant rien ou presque rien de ce que l'on prétend qu'il est nécessaire de savoir, elle savait tout, elle avait des vues profondes et justes de tout, et il lui arriva bien souvent, au cours de sa longue vie, d'en remontrer à des docteurs de profession et de les confondre.

XIII

La plus grande partie de sa vie, l'on peut dire que Douceline la vécut hors d'elle-même et hors de ce monde, dans une atmosphère surnaturelle, parmi les plus beaux rêves et les plus délicieux.

Aux premières lignes de cette histoire, je me suis donné la liberté, en regrettant l'obscurité où demeurent certaines de ces personnes élues que l'on nomme les saints, de les comparer à tels grands artistes et grands poètes dont le génie reste méconnu ou seulement accessible à quelques-uns. Entre les saints et les créateurs de beauté plastique ou lyrique, il existe bien d'autres points de contact, notamment la faculté merveilleuse qu'ils possèdent les uns et les autres de composer avec les éléments de réalité qui sont à leur disposition, comme d'ailleurs à la disposition de tous les êtres humains, des univers nouveaux, des mondes enchantés et d'y vivre une vie multiple, idéalement sublimisée par la toute-puissance de leur imagination et de leur foi. Et ils nous donnent aussi, les uns et les autres, les

plus utiles et les plus nobles enseignements.
L'énergie qu'ils déploient pour faire la conquête
d'eux-mêmes et se développer selon le rythme
mystérieux qui règle les forces de leur âme,
l'héroïque activité qu'ils dépensent pour réaliser
leur être intérieur, leur esprit de sacrifice, leur
impassibilité à la souffrance, leur puissance d'illusion, le mépris qu'ils professent de tout ce qui
est étranger à leur rêve, le détachement où nous
les voyons de tant de choses à la poursuite desquelles la plupart des hommes consacrent le
meilleur d'eux-mêmes et pour lesquelles ils n'hé-
sitent point à verser leur sang, l'indifférence que
leur inspirent l'opinion et le jugement de leurs
semblables... ah! que ne savons-nous les imiter,
pauvres que nous sommes, qui courons après le
bonheur, les yeux clos, et passons à côté, et le
dépassons si souvent sans le voir!

Mais, dira-t-on, il n'est point accordé à tous de
pouvoir être un saint, un grand artiste ou un
grand poète, et le monde aurait depuis longtemps
cessé d'exister s'il n'y avait jamais eu pour le
peupler que des saints, des artistes et des poètes.
Sans doute, mais il est permis et facile à tous de
mettre dans la vie du rêve et de la beauté, de jouir
de toutes les magnificences et de toutes les sua-

vités que la nature nous offre sans cesse avec tant de prodigalité... et point n'est besoin ni d'être un saint, ni d'être un artiste, ni d'être un poète, et point, surtout, n'est besoin d'être riche, ni d'être savant pour cela.

Douceline n'en savait guère plus que les dames et les demoiselles de la noblesse ou du peuple de Provence qui avaient uni leur existence à la sienne et qui n'étaient point toutes, loin de là, des êtres exceptionnels en quoi que ce soit ; mais, avec leur admirable instinct de femme et l'égoïsme nécessaire à tous ceux qui ont la volonté d'être heureux, elles avaient aussitôt compris que le bonheur réside surtout dans l'adaptation des désirs aux possibilités qui vous sont offertes de les satisfaire et qu'en supprimant de leur vie toutes les préoccupations mesquines et toutes les petitesses quotidiennes et en les remplaçant par ces longues heures de prière et de méditation où s'exaltent si aisément toutes les puissances de rêve qui sommeillent dans l'âme humaine, elles multipliaient singulièrement leurs chances de bonheur.

L'exemple de Douceline était là pour les encourager. Elles assistaient à ses extases, elles étaient témoins de ses illuminations ; elles la voyaient chaque jour submergée par le torrent de joie dont bouillonnait son âme ; elles l'entendaient, durant ses ravissements, converser avec Notre-Dame, s'entretenir avec le Divin Enfant, et dans ses yeux étincelaient les reflets des visions qui l'avaient ravie.

Visions sublimes ou très douces, au cours desquelles elle goûtait les plus ineffables délices.

Elle aperçut, une fois, une colline ronde, très haute, plus haute que les plus hautes collines de la terre, dont le sommet était plat et qui avait pour clôture une haie de lys. Aucune route ne serpentait sur ses flancs et aucune porte ne s'ouvrait dans la barrière fleurie ; cependant la colline était habitée, car Douceline apercevait, là-haut, parmi des nuées fulgurantes, des êtres glorieux, vêtus de lumière, qui se pressaient, agenouillés, autour d'une colonne de flamme, d'un éclat si puissant que ses regards en étaient brûlés, et qui montait, en s'élargissant, comme un immense palmier, jusqu'au zénith. Et des chœurs chantaient : « Sanctus, Sanctus, Sanctus, Dominus, Deus exercitum ! » Et Douceline se demandait, le cœur plein d'angoisse, comment il lui serait jamais possible de pénétrer dans ce royaume de félicité, quand elle se sentit soulevée de terre, puis déposée au milieu d'un jardin qui était comme suspendu aux pentes de la colline, et des terrasses duquel l'œil embrassait des étendues illimitées de pays, le monde entier, pensait-elle, avec ses fleuves, ses montagnes, ses océans et ses villes.

Et au bout d'un chemin très étroit bordé de lys éclatants, elle découvrit, assise sous un berceau de roses blanches, la Reine, mère de Dieu, toute seule. Et la Reine reconnut Douceline que si souvent déjà elle était venue visiter dans sa petite cellule de Roubaud et lui sourit de ce sourire voilé de larmes qui déchirait et ravissait en même temps le cœur de la béguine. Et la Reine lui parla familièrement, comme l'on parle à une amie chère ; et quand elle la congédia, elle lui dit :

— Regarde ce petit sentier qui disparaît entre les lys ; il ne te sera jamais interdit, tant que tu resteras attachée à tes vœux. Va, ma Douceline, et sois confiante ; je te garde une place tout près de mon cœur.

*
* *

Une autre fois, dans l'église des Frères Mineurs,
comme elle contemplait le tabernacle, il lui sembla
que ses yeux se détachaient de sa tête et, traver-
sant la porte de fer, pénétraient dans le Saint des
Saints ; et elle vit clairement, réellement Jésus-
Christ. Il était nu jusqu'à mi-corps, les bras croisés
sur sa poitrine, le regard plein de bonté ; mais sa
chair était livide et toute couverte de plaies par
où le sang frais ruisselait en abondance, comme si
l'on venait de le détacher de la croix. O l'affreuse
vision ! l'épouvantable et atroce spectacle ! L'âme
des pires mécréants n'en aurait-elle pas été na-
vrée ? Qu'on imagine, alors, la douleur de la
Sainte. De sa vie elle n'avait souffert autant ;
elle eut l'impression que tout son corps était
coupé en morceaux par des lames à dents de scie
et qu'on lui arrachait, un à un, tous les nerfs...
Mais non, ce n'était pas dans sa chair qu'elle
était torturée, mais dans son âme même ; supplice
si réel qu'elle se mit à pousser des gémissements
et des cris si violents que les personnes qui se
trouvaient dans l'église et même hors de l'église,

sur la place, accoururent auprès d'elle pour lui porter secours. On la trouva agenouillée, immobile, le visage contracté et inondé de larmes ; et on l'entendit qui disait à travers ses sanglots et ses lamentations :

— D'où vient, mon Dieu, que vous êtes ainsi ? Qui vous a fait cela ?

Puis comme répétant des paroles qu'elle venait d'entendre :

— Les traîtres qui s'assoient à ma table, ceux que j'aime et que j'ai tant aimés, mes propres amis.

Mais cela, elle le disait d'une voix blanche, d'une voix impersonnelle, d'une voix qui n'était pas la voix qu'on lui connaissait, d'une voix qui semblait venir de très loin, des profondeurs mêmes de l'infini, d'une voix comme jamais il n'en était sorti d'une bouche humaine, d'une voix si poignante et si étrange, si mystérieuse, si divine que tous les assistants tombèrent à genoux, terrifiés, le front sur les dalles, comme s'ils venaient d'entendre la voix de Jésus-Christ lui-même.

Une autre fois — c'était le Vendredi Saint —
Douceline avait demandé à ses compagnes de la
laisser seule dans l'oratoire du couvent pendant
qu'elles iraient suivre à l'église des Frères Mineurs les offices de ce jour sacré ; elle venait
d'être malade et ne se sentait pas la force de faire
le trajet qui sépare Roubaud du couvent de Saint-
François. Et voici que le soir, tandis qu'elles rentraient au béguinage, elles entendirent de grands
cris comme de quelqu'un à qui on arrache le
cœur. Elles se hâtèrent, ayant reconnu la voix de
leur sainte mère, forcèrent la porte de l'oratoire
et la trouvèrent en extase, les bras étendus en
croix et ne touchant plus à terre, tant elle était
élevée au-dessus du sol.

Et elle criait :

— Voici le bois de la Croix. O traîtres pé-
cheurs ! Tout le vin dont vous vous soûlez sort
d'un seul tuyau et voici cinq tuyaux qui coulent
pour vous ! Faux chrétiens ! vous vous enivrez
sans cesse d'un peu de vin, et vous ne savez pas
vous abreuver à ces cinq sources intarissables !

Un denier de vin change l'homme de telle manière qu'il ne cherche plus à se venger de toutes les injures qu'on peut lui faire ; et ces cinq blessures, par où sort avec tant d'abondance le sang de Jésus-Christ, ne peuvent déterminer les hommes à renoncer à tirer vengeance des injures reçues !

Elle se tut ensuite quelques instants, et l'on entendait, dans le silence angoissé des béguines penchées sur elle, le halètement de son souffle. Puis elle recommença à crier :

— O monde faux et trompeur ! Quel terrible châtiment te menace ! Venez, venez, entrez dans la barque, car tout ce qui sera trouvé dehors périra. N'entendez-vous pas crier le nocher ? N'entendez-vous pas qu'il crie, entrez dans la barque, car tout ce qui sera dehors périra ! Hélas ! Hélas !...

Et, renforçant sa voix, elle criait plus fort encore :

— N'entendez-vous pas l'appel du nocher ? Entrez dans la barque. Hélas ! Hélas ! ce sont des âmes couvertes du sang de Jésus-Christ !

Et elle pleurait et elle sanglotait en se tordant les mains.

Alors, une de ses filles demanda :

— Et nous, ma sainte mère, dites, dites, y serons-nous dans la barque ?

Alors, l'on vit son visage s'illuminer d'une joie radieuse, ses yeux étinceler, ses lèvres sourire comme devant une certitude sublime qui venait de lui être révélée, et on l'entendit qui disait :

— Oui, mes filles, oui, oui, vraiment, vous serez toutes sauvées ; toutes vous serez dans la barque ; toutes, toutes, sous les ailes de saint François, vous serez sauvées ! Alleluia! Alleluia!

Et elle parut reprendre ses sens, et toutes les personnes qui se trouvaient là la virent lentement redescendre vers la terre, lentement, et s'y poser sans secousse, comme un oiseau dont le vol est achevé.

Une autre fois encore — c'était pendant l'Avent — comme elle récitait les Matines de la Bienheureuse Mère de Dieu, quand elle en fut à prononcer les paroles : « Voici la servante du Seigneur », on la vit qui soudain se trouva prise d'une agitation inaccoutumée et on l'entendit s'écrier : « La voilà! La voilà! La Mère de Dieu! Véritablement! » Et elle se mit aussitôt à genoux et, presque couchée sur le sol, elle baisait les empreintes qu'y avaient laissées les pieds de la

Vierge, depuis l'endroit où elle s'était prosternée jusqu'à la porte de l'oratoire ; et plusieurs des personnes présentes affirmèrent avoir distinctement aperçu, aux différentes places où Douceline avait posé ses lèvres, la marque lumineuse de pas ; tant est puissante sur l'imagination des hommes la contagion du surnaturel.

L'on savait, d'autre part, que la supérieure des béguines de Roubaud vivait dans l'intimité constante des Anges et des Saints, particulièrement de Notre-Dame. Quoi d'étonnant, alors, que la Vierge soit venue la visiter et que, pour confondre ceux qui auraient pu être tentés d'en douter, elle ait laissé visible à tous, durant quelques instants, la trace de ses pieds ? N'assistons-nous pas chaque jour, dans l'ordre des choses de la nature et de la vie, à de bien plus étonnants prodiges, dont nous ne songeons point, cependant, à nous étonner, que dis-je ? dont nous rougirions de montrer la moindre surprise ? N'existe-t-il pas des forces invisibles, au milieu desquelles nous vivons, sans connaître ni leur origine, ni les lois qui les régissent, et toute sorte de mystères que la science des hommes ne parviendra jamais — heureusement peut-être — à pénétrer et à éclaircir ?

XIV

Elle avait adopté, pour réunir ses béguines durant les mois de la belle saison et les entretenir des affaires spirituelles et matérielles de leur institut, un petit bois de pins posé au flanc d'une colline, à une heure de marche environ du couvent. Mme de Porcellet, qui avait assumé, avec l'approbation de la Sainte, les fonctions de prieure, organisait ces assemblées, auxquelles elle s'ingéniait à donner une couleur de fête.

L'on partait, d'ordinaire, après le repas du matin, chacune emportant avec elle une légère collation, et l'on ne rentrait au béguinage qu'au coucher du soleil. L'on allait en troupe buissonnière, à travers les champs et le long des marais salins, d'abord, puis par les bois de chênes-lièges qui jusqu'au bord de la mer dévalaient parmi les roches rouges. Les jeunes, parfois, s'écartaient du chemin, tandis que les vieilles traînaient le pas, en arrière-garde. Mme Philippine veillait à tout, Douceline ne manquant jamais de lui dire comme on passait la porte de Roubaud :

— C'est à vous, chère sœur, que j'obéirai tout aujourd'hui ; je suis la plus humble de vos novices.

Elle n'était pas, en tout cas, la dernière à abandonner la route pour escalader une hauteur d'où elle savait que la vue était plus étendue et plus belle, ou pour descendre dans un ravin cueillir les fleurs qui poussent près des ruisseaux.

Elle avait toujours avec elle deux ou trois petites filles que leurs parents étaient bien trop heureux de lui confier. Aucune mère, d'ailleurs, n'aurait su les mieux soigner ni les gâter davantage, tout en se montrant aussi sévère, aussi impitoyable même qu'il faut l'être non seulement avec les enfants mais avec les hommes (qui ne sont eux aussi que de grands enfants) quand on les aime vraiment et qu'on les veut heureux ; ce que les enfants et les hommes trouvent si excellent et nécessaire qu'on ne les voit jamais plus attachés qu'aux maîtres et aux chefs les plus exigeants et les plus autoritaires.

N'importe, c'était une chose touchante que de voir la supérieure des béguines d'Hyères, la pieuse femme à qui la vénération du peuple avait créé une auréole de sainteté, aller par les rues et les routes, entourée de toute cette marmaille qui s'accrochait à sa robe, se pendait à son voile et se cachait dans les plis de son grand manteau.

Enfin, après force détours, crochets et haltes, l'on atteignait le petit bois de pins au flanc de la colline. Il était fermé d'un côté par une sorte de grande roche taillée en forme de banc, au milieu de laquelle une anfractuosité profonde se creusait, pareille à une de ces stalles ou chaires protégées par un baldaquin et qui sont la place des hauts personnages dans les assemblées solennelles. Mais le siège était fait de pierre dure et les draperies du dais de plantes sauvages dont les tiges fleuries retombaient capricieusement le long des rocs. Douceline s'y installait, ayant la prieure à sa droite et ses fillettes à ses pieds ou l'une d'elles, parfois, sur ses genoux, qui s'endormait riant aux anges, tandis que les autres s'asseyaient au hasard à même l'épais tapis de ramilles sèches.

Et le chapitre s'ouvrait. Dame Philippine, qui avait gardé, sous la robe aux plis droits et le voile serrant la tête des béguines, toute sa noblesse d'allure, rendait compte, avec une remarquable clarté d'élocution, des menus événements qui

s'étaient déroulés dans le couvent depuis la dernière réunion. Elle rappelait les infractions à la
règle dont telle ou telle de ces dames s'était rendue
coupable, — fautes qui, d'ailleurs, avaient été en
leur temps punies, mais dont il ne pouvait y avoir
que profit, et pour celles qui les avaient commises
et pour les autres, à ce qu'elles fussent connues
de toutes. Elle donnait ensuite connaissance à
tous les membres de l'institut de la situation éco-
nomique du béguinage, des sommes entrées et
des sommes sorties, les invitant chaque fois à se
montrer de plus en plus parcimonieuses et de
leurs biens propres et de leur fonds commun.
Elle énumérait enfin les témoignages d'intérêt et
d'affection qui avaient été fournis à l'œuvre par
des personnes de qualité et des âmes pieuses
dont les moyens matériels étaient, cependant,
des plus réduits, et c'est à ces dernières qu'elle
conviait ses chères sœurs à vouer la plus vive
et la plus profonde gratitude et à réserver une
place privilégiée dans leurs prières.

— Gardez-vous de croire, mes sœurs, disait-
elle, que ce soit aux riches de ce monde — qui
d'ailleurs, seront, s'ils n'y prennent attention,
les pauvres de l'autre — que soit accordé le don
vraiment magnifique et royal d'être généreux et

charitable. Quand on possède le superflu, l'on a
toujours peur de manquer du nécessaire et la
vraie générosité et la vraie charité est celle pour
qui le nécessaire est encore du superflu et qui ne
balance jamais à donner tout ce qu'elle a pour
empêcher qu'il y ait sur la terre quelqu'un qui
soit privé de l'essentiel. Rappelez-vous ces braves
gens que vous avez soignés, que vous avez arra-
chés à la misère, que vous avez sauvés de la mort
et qui, si malheureux qu'ils soient, si dénués de
tout qu'ils soient, trouvent encore le moyen
d'être généreux et charitables avec de plus pauvres qu'eux. Et lorsque du fond de leur détresse,
avec leurs lèvres qui depuis si longtemps ont
désappris la joie, ils vous remercient dans un
sourire de ce que vous avez pu faire pour eux et
que, ne l'oubliez pas, vous n'avez eu que bien
peu de mérite à avoir fait, et lorsqu'ils vous prennent les mains en silence et vous les couvrent de
larmes, et lorsque, une fois guéris, une fois sauvés
de la souffrance et du désespoir, ils vous apportent
et vous prient d'accepter en témoignage de reconnaissance le moindre petit présent, un objet
fabriqué de leurs mains, un panier de fruits, une
fleur, ne croyez-vous pas qu'ils se montrent
envers vous plus généreux et plus magnifiques

qu'un prince qui vous comblerait de bijoux précieux et de pierres rares ?

Douceline approuvait de la tête, aimant l'éloquence cordiale et toute nourrie d'expérience de sa prieure. Mme Philippine savait dire des choses qu'elle sentait aussi intimement qu'elle-même mais qu'elle n'aurait point su exprimer avec autant d'élégance et de charme, et elle éprouvait toujours à l'entendre un nouveau plaisir. Et puis le lieu même où l'on se trouvait donnait une valeur de plus à toutes les pensées, comme à toutes les paroles.

De sa place, Douceline voyait entre les troncs violets des pins, comme entre les piliers d'une église, miroiter la mer bleue, et par delà les îles vertes, se perdre à l'infini et se mêler avec le ciel. Ce grand chemin d'eau, c'était celui qu'avaient suivi depuis un siècle et demi les chevaliers chrétiens, sur leurs nefs aux blanches voiles, pour aller arracher des mains des infidèles le tombeau du Christ ; c'était celui sur lequel s'était élancé, le cœur plein de flamme, il y avait quelques mois à peine, le bon roi Louis avec la reine Marguerite, les comtes d'Artois et d'Anjou, ses frères, et le cardinal-légat Eudes de Châteauroux, toute la fleur de la noblesse de France. Ah! quels vœux elle ne cessait de former pour le succès de leurs armes! De quelle ferveur elle implorait le ciel pour la défaite et l'anéantissement des mécréants et des païens!

La figure du roi Louis l'attirait surtout. En compagnie de Jean de Parme et du joyeux frère Salimbene, le saint père Hugues avait eu le bonheur de le voir, à Sens, en route pour Aigues-Mortes où il allait s'embarquer. Il était de haute taille, maigre et frêle, avec un visage angélique et gracieux. Il allait à petites journées, souvent à pied, accompagné de quelques barons, et ressemblait plutôt à un moine qu'à un soldat : il s'arrêtait dans les bourgades, visitait les pauvres et les infirmes. Sa simplicité et sa pureté de mœurs étaient extrêmes. Le frère Hugues racontait qu'il était entré un matin avec lui dans une église de village, dont le sol était fait de terre battue ; et le roi de France avait voulu, par humilité, s'asseoir dans la poussière, disant aux frères : « Venez à moi, mes très doux, très excellents frères, et prêtez l'oreille à mes paroles. » Et il s'était mis à leur parler, en termes parfaits, de leur mission et de leurs devoirs, non comme un roi mais comme un saint.

Ainsi rêvait Douceline en regardant la mer entre

les troncs violets des pins, tandis qu'autour d'elle, Mme Philippine s'étant tue, bavardaient gentiment, à mi-voix, ses chères béguines ; mais elle ne les entendait ni ne les voyait, tout entière à ses songeries. Elle était si loin, en ce moment, si loin d'elles !

Enfin, elle revint à la réalité et les ayant embrassées toutes d'un regard attendri, comme une bonne mère heureuse d'avoir dans son giron toute sa petite nichée, elle leur dit :

— Je suis fière de vous, mes filles, fières de vous voir toutes avec les belles mines ouvertes et claires que vous avez, où se reflète la joie de vivre selon le Seigneur, et toutes si intimement, si étroitement unies par les liens indissolubles de la charité. Restez ainsi, toujours unies, mes filles bien aimées, dans l'amour de Dieu, par la charité. C'est cette petite cordelette, la charité de Jésus-Christ, qui vous a liées ; elle est plus solide, croyez-le, que les règles les plus sévères, car Jésus-Christ lui-même, de ses mains divines, en a fait le nœud. Et je vous le dis, mes filles, et vous pouvez avoir foi en mes paroles. De la bouche de Dieu et de sa Mère, de notre bienheureux père monseigneur saint François, de toute la Sainte Trinité et de la Cour Céleste, bénies soient toutes celles qui, liées par le lien de la charité, pénétreront dans notre saint institut et le maintiendront florissant. Sous les ailes de saint François, soyez sûres qu'elles seront toutes sauvées, car des grâces particulières ont été faites au porte-drapeau de Jésus-Christ, à monseigneur saint François. A genoux, mes filles aimées, et chantons l'hymne à Notre-Dame, l'hymne des béguines de Roubaud, qu'elle n'entend jamais sans que les tourments de son cœur transpercé des sept glaives en soient allégés.

> Imperatrix clemencie,
> Rorem infunde gracie
> In medium cor aridum
> Ut tibi fiat placidum.
>
> Largire ut concipiam
> Tecum mortis angustiam,
> Flens mortem quam Rex patitur,
> Per quem mundus construitur.
>
> Tuus tractatur filius
> Longe quam latro vilius ;
> Fert risus, fert ludibria,
> Gente vallatus impia.
>
> Sit honor, laus, devocio
> Jhesu Marie filio,
> Crucis tensso patibulo
> Pro redimendo populo. Amen.

Et longtemps après qu'avaient résonné les deux
syllabes par lesquelles s'achèvent toutes les prières
et toutes les hymnes et qui sont l'appel suprême
des âmes suppliantes, il semblait que traînât
encore, à travers l'air bleu, comme un frémisse-
ment de pures voix emporté par la brise du soir
dans les pins...

XV

La Provence se trouvait alors, comme toute
la chrétienté, en pleine effervescence mystique ;
une espèce de frénésie de mortification s'était
emparée des âmes, une ardeur au sacrifice qui faisait naître partout des confréries de pénitence,
emplissait les cloîtres, chassait vers la solitude des
forêts et des montagnes tous ceux qui, trop faibles pour résister aux tentations du monde, ne
croyaient pouvoir assurer que par la retraite leur
salut éternel. Être pauvre passait pour la suprême,
sinon pour la seule vertu, et beaucoup s'imagi-
naient que renoncer aux biens de la terre suffisait
à leur ouvrir le chemin du ciel.

Le frère Hugues n'avait pas été sans encourager

ce mouvement. La violence passionnée avec laquelle il fustigeait dans ses prédications les mœurs de certains ordres, l'égoïsme et la rapacité des gens d'église, le tableau qu'il présentait à ses fidèles de la bienheureuse vie que menaient les ascètes et les ermites de la campagne ombrienne, qui avaient abandonné leurs richesses et leurs familles pour se fiancer, comme l'avait fait François et Claire d'Assise, à la Sainte Pauvreté, tout cela exaltait ces âmes naïves.

— Ah! ça, croyaient-ils donc que c'est en vivant l'existence moelleuse et sensuelle qu'ils vivaient, en se complaisant, comme ils s'y complaisaient, dans les jouissances matérielles, qu'ils attireraient sur eux les bénédictions célestes? S'imaginaient-ils donc qu'ils étaient sur la terre pour ne faire que leur volonté, assouvir leurs plus bas appétits, manger et engraisser comme les porcs dans leurs bauges? Mais regardez-vous les uns les autres et voyez à quel degré d'abjection vous êtes descendus. Il n'y a plus dans vos yeux, sur vos lèvres, sur vos fronts, dans tous les traits de votre visage que Dieu avait modelés à sa ressemblance, que le regard, le rire, la pâleur, les grimaces des instincts les plus vils. Continuez et vous serez pareils à ces moines rapaces et luxurieux qui souillent de leurs vomissements les marches de l'autel. Ah! tenez, vous me faites horreur!

Il se taisait, laissant à ses paroles le temps de pénétrer au fond des cœurs... Des sanglots tout à coup jaillissaient des poitrines ; au-dessus des têtes courbées, des mains implorantes se levaient ; un cri montait de cette foule :

— Pitié! Pitié!

— Non, reprenait-il, pas de pitié! Pas de pitié, tant que vous n'aurez pas rejeté loin de vous toutes vos parures et toutes vos laideurs, votre gourmandise et votre paresse, votre égoïsme, votre honteuse concupiscence, votre amour du gain, tous les péchés enfin dont vous êtes couverts comme d'une lèpre immonde! Pas de pitié!

Puis, d'une voix suppliante, tout à coup :

— Ah! mes amis, mes frères, que ne suivez-vous mon chemin? Que n'écoutez-vous mes conseils? Votre bonheur en ce monde, votre salut dans l'autre, voilà ce qui seul me touche, voilà mon unique pensée, voilà le seul objet de mes tourments, de mes angoisses! Et c'est moi maintenant qui viens vous supplier d'avoir pitié de moi. Quand je vous dis de rompre avec cette vie de misère et de honte — car ce n'est qu'une vie de misère et de honte que vous vivez sous ces dehors brillants et joyeux — pour connaître les pures délices de la solitude et de la pauvreté, vous savez bien au nom de qui je parle, vous savez bien aussi que c'est l'amour que j'ai pour vous qui m'inspire! Ah! mes amis, mes bons amis, Dieu soit loué! vous m'avez enfin entendu! Que si vous ne vous sentez pas encore l'âme assez énergique pour affronter l'isolement dans les cavernes des bois, les privations auxquelles s'assujettisent les ermites, eh bien! groupez-vous en confréries, associez-vous pour les bonnes œuvres et la prière, consentez aux règles de fer d'une discipline et, de faibles que vous êtes, étant seuls, vous deviendrez forts, vous sentant unis par les liens de la même foi, par l'acceptation du même sacrifice. Ah! si vous aviez vu de vos yeux, comme moi de mes yeux, le rayonnement de joie qui illumine le visage des solitaires de l'Ombrie, le contentement d'eux-mêmes et des autres qu'éprouvent les hommes et les femmes qui, suivant l'exemple de notre cher et saint frère François, de notre chère et sainte sœur Claire, ont abdiqué tout ce qui restait encore en eux d'humain pour se consacrer au service de Dieu, vous n'hésiteriez pas, je vous assure!

Comme il venait d'achever, ce jour-là, son sermon, des cris éclatèrent soudain sur la route, des appels d'allégresse, dont les échos emplissaient l'air d'une clarté nouvelle. Et la chapelle se vida. Hugues lui-même suivit ses ouailles.

— Alleluia! Alleluia! Le jour approche où les temps seront accomplis!

— Alleluia! Alleluia! Le jour approche où, dans l'étable, entre le bœuf et l'âne, naîtra Celui qu'ont annoncé les vieux prophètes!

— Alleluia! Alleluia! Aimons Jésus! Aimons Marie!

C'était une troupe de sœurs et de frères mendiants qui traversait la ville. Ils étaient vêtus de haillons, mais la joie les transfigurait et leurs voix ressemblaient aux voix des anges.

— Alleluia! Alleluia! Aimons Jésus! Aimons Marie!

Les plus jeunes dansaient tout en chantant. Des enfants s'étaient joints à eux ; les habitants sortaient de leur maison, leur apportaient à manger et à boire. Il faisait une de ces claires et tièdes journées de décembre comme on n'en voit que dans ce pays béni de Provence où la nature est toujours en fête.

— Vous voyez comme ils sont heureux, disait le frère Hugues aux hommes et aux femmes qui l'entouraient. Il ne dépend que de vous de l'être autant.

Puis s'adressant à un vieillard qui, assis sur les marches de la chapelle, était occupé à resserrer les lanières de cuir de ses chaussures en lambeaux :

— D'où venez-vous à présent, mes amis ?

— Je n'en sais trop rien, mon bon père. De là-bas, je crois, répondit-il, en montrant le chemin par où l'on entre à Hyères en venant d'Italie.

— Et où allez-vous ?

— Je ne le sais pas davantage. Où Dieu voudra que nous allions.

Il se leva. La troupe commençait à se remettre en route.

— Alleluia ! Alleluia !

Les femmes leur disaient adieu, du pas de leur porte ; les hommes agitaient leur bonnet ; puis les voix s'éteignirent. Dans bien des yeux le frère Hugues vit briller des pleurs : le grain de ses paroles ne tarderait pas à lever...

XVI

La veille de Noël, comme les béguines rentraient de la ville, elles trouvèrent la cour de Roubaud envahie par les mêmes sœurs et frères mendiants qui quelques jours auparavant avaient fait halte devant le couvent de Saint-François et dont le saint père Hugues leur avait parlé.

Mme Philippine en manifesta son mécontentement. Moins indulgente parce que plus perspicace que Douceline, du moins en tout ce qui se rattachait aux choses humaines, elle se défiait de ces hommes et de ces femmes qui allaient sur les routes en chantant des cantiques et auxquels se mêlaient souvent des gens sans aveu qui, sous le couvert de la dévotion, terrorisaient les enfants et les vieillards, pénétraient dans les maisons isolées, faisant main basse sur tout ce qui se trouvait à leur portée, pillant et saccageant, au point que de certains villages où on les avait d'abord accueillis avec la plus généreuse confiance, on avait dû les chasser à coups de pierre, tant ils y avaient commis de larcins et de vilenies. Et comme rien n'est plus difficile que de démêler le bon grain de l'ivraie, elle se disposait à les prier de passer leur chemin, quand Douceline intervint.

— Eh quoi! ma bonne dame Philippine, auriez-vous le cœur assez dur, un jour comme aujourd'hui, pour interdire à ces saintes personnes l'accès de notre maison? Vous ne le ferez point, n'est-il pas vrai? Voyez, d'ailleurs, quelle franche et joyeuse mine ils ont tous.

Ils avaient tous l'air, en effet, malgré leurs accoutrements étranges, de sympathiques compagnons. Certains étaient vêtus de peaux de bêtes assemblées par des morceaux d'étoffes disparates ; d'autres portaient des souquenilles faites de vieux sacs rapiécés ; de vieilles femmes se drapaient dans des vêtements d'hommes en loques, trop amples ou trop ajustés ; des jeunes filles restaient belles sous des sarrots de drap grossier serrés à la taille par une cordelière d'herbe tressée, leur riche chevelure prisonnière dans des mouchoirs de couleurs voyantes d'où parfois elle croulait en anneaux de soleil ou de ténèbres sur leurs épaules demi-nues. Quelques-unes avaient dans leurs bras de petits enfants, recueillis le long des chemins, disaient-elles, et à qui elles témoignaient, en tout cas, un intérêt tout maternel.

Sitôt qu'ils aperçurent Douceline, ils se mirent tous à genoux, en criant :

— Alleluia! Alleluia! Noël! Noël!

Puis ils se relevèrent et un homme d'assez haute taille qui, sous ses haillons, avait gardé les allures d'un grand seigneur, s'avança vers elle et lui dit :

— Ma sainte mère, Dieu vous garde. Et vous, mes sœurs, recevez nos saluts. Nous sommes les chevaliers errants de Notre-Dame la Pauvreté ; voulez-vous nous permettre d'abriter cette nuit, cette nuit de Noël, sous votre toit, nos membres fatigués. Le voulez-vous ?

— Cette maison, répondit Douceline, est la maison des pauvres et tout ce qui s'y trouve leur appartient. Mais nous avons appris que vous excelliez à chanter en chœur des hymnes et des laudes et nous serions heureuses, mes chères filles et moi, de vous voir consentir à en chanter pour nous quelqu'une.

Il s'inclina profondément par trois fois et dit avec solennité :

— Ma sainte mère et vous, mes sœurs, il sera fait selon votre désir. Nous chanterons la *Laude des Vierges Sages et des Vierges Folles*. Prenez place, ma sainte mère, et vous, mes sœurs ; de ce côté, oui, là ; nous autres, c'est ici que nous nous tiendrons.

Autour de Douceline, qui sur les bancs de pierre adossés au mur de la façade principale, qui sur de vieilles souches d'oliviers dont un huchier du voisinage avait fait des sièges, les béguines s'installèrent. Le grand seigneur en haillons allait et venait, donnant à ses acteurs les dernières instructions, les séparant en deux groupes, à droite et à gauche du carré de gazon qui occupait le centre de la cour, puis se postant enfin lui-même au beau milieu, grimpé sur le socle de la croix de bois, juste entre les quatre cyprès.

Alors un grand silence régna, d'attente émue et attentive ; et l'on n'entendait plus que le murmure du ruisseau qui longeait le jardin du béguinage et le bruit que faisaient les pattes d'un oiseau cherchant à se poser sur le bord de la cloche.

Et le grand seigneur en haillons élevant vers le ciel sa main droite et tournant tour à tour le visage vers chacun des groupes qui le flanquaient, commença :

GABRIEL *parle*.

Écoutez, vierges, écoutez!
L'Époux que vous attendez est en route.

Jésus Sauveur est son nom.
Gardez-vous de dormir. Veillez, vierges, veillez!

Car cet Époux que vous attendez aujourd’hui,
C’est à cause de vos péchés
Qu’il est venu sur la terre.
A Bethléem il est né de la Vierge ;
Et, dans le fleuve du Jourdain,
Il a été baptisé et lavé.
Gardez-vous de dormir. Veillez, vierges, veillez!

Car cet Époux que vous attendez aujourd’hui,
On l’a battu de verges, renié et moqué.
Par des clous il a eu pieds et mains traversés
Et de la lance le flanc percé,
Et dans le sépulcre on l’a déposé...
Gardez-vous de dormir. Veillez, vierges, veillez!

Car cet Époux que vous attendez aujourd’hui,
Il est, comme l’Écriture l’avait prédit,
Il est vivant sorti de son tombeau.
Moi, je suis Gabriel, et je vous dis :
Attendez-le ; il va venir ici bientôt.
Ne dormez pas, ne dormez pas, vierges, veillez!

Comme il achevait ces mots, des cris éclatèrent, d’affreuses lamentations coupées de sanglots. C’étaient les Vierges Folles qui, avec de
grands gestes déchirants, se désolaient.

LES VIERGES FOLLES

O désespoir! O désespoir!

GABRIEL

Qu'avez-vous, vierges? Pourquoi ces plaintes?

LES VIERGES FOLLES

Nous avons usé toute l'huile de nos lampes
Et nos lampes se sont éteintes!
Ah! malheureuses! Ah! chétives que nous sommes!
Nous avons trop dormi.

Et elles s'avançaient vers les Vierges Sages et
les imploraient.

Et nous venons vous demander,
Et nous venons vous supplier,
O vous, nos sœurs, vous, nos compagnes
Dans ce terrestre pèlerinage,
Nous, vos sœurs, filles de la même race,
Ayez pitié de nous,
Partagez avec nous
La lumière de vos lampes!

Ayez pitié! Nous fûmes insensées!
Ayez pitié! afin que nous ne soyons pas laissées
Hors de la brillante demeure,
Hors de la maison nuptiale,
Lorsque l'Époux nous y appellera.
Ah! malheureuses! Ah! chétives que nous sommes!
Nous avons trop dormi.

Et les Vierges Sages disaient :

> Assez de plaintes et de supplications.
> Elles ne serviront de rien, sœurs malheureuses...
> Vous avez trop dormi... quand il fallait veiller.
> Allez bien vite, allez demander aux marchands,
> Puisque vous avez été négligentes,
> De vous donner de l'huile pour vos lampes.
> Malheureuses ! Chétives qui avez trop dormi !

Les Vierges Folles se tordaient les bras, s'arrachaient les cheveux :

> Oui, malheureuses ! Oui, chétives !
> O désespoir ! Qu'allons-nous devenir ?
> Marchands, n'aurez-vous point pitié de nous ?
> Vous pouvez nous sauver ! De l'huile pour nos lampes !
> Grâce ! Si peu que ce soit,
> Pour que nos lampes durent
> Jusqu'à l'heure où l'Époux viendra !
> Grâce ! Grâce ! Pitié ! Pitié !

Et les marchands, représentés par deux vieillards au chef branlant, à la voix chevrotante, disaient :

> Gentilles dames, il n'est pas convenable
> Que vous restiez ici longtemps.
> Hélas ! Hélas ! Si gentilles que vous soyez,
> Nous ne pouvons, nous ne pouvons pas vous donner
> Ce que vous nous demandez !

Malheureuses! Chétives! qui avez trop dormi.
Seules, vos sœurs peuvent vous assister...
Implorez-les encore au nom du Dieu de gloire,
Et hâtez-vous, car l'Époux va venir!

A ce moment, les Vierges Folles se jetaient aux pieds des Vierges Sages, et leur embrassant les mains, et s'accrochant à elles dans une suprême étreinte :

Nos chères sœurs! Nos bonnes sœurs!
Pitié! Pitié!

Mais les Vierges Sages, inexorables, les repoussaient encore :

Non, non. Voici l'Époux. Il est trop tard. Allez.

Alors les Vierges Folles se traînaient dans la poussière, en proie aux convulsions de la plus atroce douleur, cependant que d'entre les branches sombres d'un cyprès sur lequel il était monté et où il se cachait à tous les yeux, le Christ, d'une voix à la fois très douce et terrible, d'une voix dont l'accent vous glaçait d'épouvante, d'une voix si puissante, si solennelle, si profonde qu'en l'entendant, non seulement Douceline et toutes ses filles, mais les Vierges Sages et les Vierges Folles,

et les marchands, et Gabriel lui-même tombèrent
à genoux, — le Christ prononçait son arrêt :

> En vérité, je vous le dis,
> O vous qui manquez de lumière,
> Éloignez-vous de moi.. je ne vous connais pas.
> Écartez-vous du seuil de cette cour.
> Allez, chétives, malheureuses,
> Allez, vous qui, quand il fallait veiller,
> Avez dormi,
> Vous qui avez laissé s'éteindre votre lampe.
> Vous serez sur-le-champ conduites en enfer.
> Démons, emparez-vous des Vierges Folles.
> Et vous, ô Vierges Sages, venez auprès de moi.
> Dans la haute maison de lumière et de joie,
> Venez dormir enfin sur le cœur de l'Époux.

Plus d'une béguine, cette nuit-là, réveillée en
sursaut, dut défaillir d'angoisse en s'apercevant
que la petite lampe de terre suspendue à la tête
de son lit était sur le point de s'éteindre...

XVII

Comment l'idée vint-elle à Douceline de
quitter Hyères où la retenaient tant de chers

souvenirs et d'intérêts pieux et d'aller fonder
à Marseille un autre institut ? Nul ne le sait ; mais
il semble facile, cependant, de l'imaginer, connaissant la ferveur du zèle dont elle était animée
et quelle activité était la sienne, sachant surtout
qu'elle était de ceux qui, une fois atteint le but
qu'ils se sont fixé, n'éprouvent de joie qu'à s'en
fixer un autre, plus difficile et plus lointain encore
que le premier et à la conquête duquel ils s'élan-
cent avec d'autant plus d'enthousiasme et d'énergie que leur expérience leur en fait mieux découvrir et les difficultés et l'éloignement.

Qu'avait-elle davantage à faire, d'autre part,
ici, maintenant que son œuvre se trouvait aussi
prospère qu'elle pouvait l'être et que, tant à cause
de la présence sinon constante, fort fréquente
du moins, du saint père Hugues, qu'à cause des
liens qui s'étaient tout naturellement noués entre
le béguinage de Roubaud et le couvent des Frères
Mineurs et que la pratique des mêmes vertus
avait rendus sans cesse plus étroits et plus cor-
diaux — elle était en droit de bannir de son
esprit et de son cœur toute inquiétude quant à
l'avenir de cette fondation ? Ce n'est pas en tout
cas son frère Hugues, si, comme il est probable,
pour ne pas dire certain, elle le consulta, qui lui

aurait jamais déconseillé, avec son tempérament aventureux et exalté, de tenter une entreprise de ce genre, même au cas où elle n'aurait point prouvé déjà, d'aussi évidente façon qu'elle l'avait fait, de quoi elle était capable. Et pour ce qui est des risques personnels que pouvait présenter pour elle une telle initiative dans un pays qu'elle ne connaissait point et où elle n'était non plus connue de personne, il ne s'y serait pas davantage arrêté, ayant expérimenté maintes fois et sa force d'âme et son habileté, rare chez une femme, à tirer parti des circonstances et à maîtriser les événements.

Enfin, Mme Philippine devait l'accompagner. La famille à laquelle elle appartenait était une des plus vieilles et des plus puissantes de Provence. Arlésienne par sa naissance, elle était dame d'Artignosc ; Audiarde, sa sœur, était abbesse de Molégès et Bertrand de Porcellet, son père, avait sa sépulture à Trinquetailles, dans l'église des Chevaliers de Saint-Jean-de-Jérusalem. Enfin, elle avait épousé Fouques de Pontevès, qui la laissa veuve alors qu'elle était encore très jeune. C'était ce que le peuple appelle « une femme de tête », ce qui ne l'empêchait point, d'ailleurs, d'être une femme de cœur, et tant à Douceline qu'à ses compagnes et à tous ceux et toutes celles qui, depuis des années, avaient été en rapports spirituels ou temporels avec elle, elle avait su montrer qu'elle était vraiment l'une autant que l'autre.

Sa résolution arrêtée, Douceline ne songea plus qu'aux moyens de la mettre, aussi tôt que possible, à exécution ; mais ils ne dépendaient point d'elle uniquement. De Hyères à Marseille, la route est longue et peu sûre ; tantôt elle côtoie la mer, tantôt elle traverse d'épaisses forêts et d'abruptes montagnes ; les villes et les villages sont rares et fort éloignés les uns des autres ; il était donc de la dernière imprudence pour deux femmes d'entreprendre seules un tel voyage ; le mieux serait d'attendre une occasion de se joindre à quelqu'une de ces troupes de voyageurs dont le passage était, en somme, assez fréquent. C'est ce qu'elles firent.

Une semaine ne s'était pas écoulée qu'elles virent, un soir, venir au béguinage — conduits par un notable de la ville avec qui le frère Hugues était en relations amicales et qui avait toujours témoigné la plus vive sympathie à l'œuvre de la sainte mère — deux riches marchands arrivés d'Italie le matin même ; ils devaient repartir le lendemain pour Marseille où ils habitaient et, ayant appris que Mme la Supérieure et Mme la Prieure du couvent de Roubaud avaient le projet de se rendre dans cette cité, ils se tiendraient pour très honorés si elles voulaient bien les accepter comme compagnons de voyage. Ils avaient avec eux des serviteurs, des mulets, des chevaux ; ils étaient armés : la route leur serait donc moins fatigante et moins dangereuse.

— C'est Dieu qui vous envoie, seigneurs, dit Douceline, et elle les remercia avec le plus cordial empressement.

— Nous viendrons donc ici demain, dès l'aube, ma sainte mère, vous chercher.

— Nous serons prêtes toutes deux.

Dans le réfectoire du béguinage, le repas du soir s'achevait.

Une fois les grâces récitées, Douceline prit la parole :

— Mes filles bien-aimées, dit-elle, le moment

de notre départ a sonné : demain, à pareille heure, votre prieure et moi, nous serons loin de vous. Nous vous avons informées à plusieurs reprises de nos projets ; je ne vous en reparlerai point. Ce qu'il faut cependant que je vous redise, et cela seul, ce qu'il faut que je vous demande, ce que je veux implorer de vous, avant de vous quitter, c'est d'abord de rester fidèles obstinément, aveuglément, à la règle que vous avez acceptée le jour où vous avez franchi le seuil de cette maison et de continuer à pratiquer, avec un zèle sans cesse grandissant, ces deux vertus de pauvreté et de charité qui sont et seront toujours les plus chères au cœur de Notre-Seigneur Jésus et dont notre bienheureux François, son porte-étendard, nous a donné l'exemple, et c'est ensuite de ne nous oublier jamais, ni madame Philippine, ni moi, dans vos prières.

Et comme plusieurs d'entre elles s'étaient mises à se lamenter :

— Pourquoi donc pleurez-vous ? s'écria-t-elle. Ne serait-ce pas plutôt à moi de pleurer ou à vous, madame Philippine, à nous enfin qui vous laissons et qui, sitôt que nous aurons passé cette porte, serons seules au monde, ayant à entrsprendre de nouvelles luttes, à livrer de nouveaux combats pour créer un nouveau foyer où reposer nos têtes ? Voyez-nous cependant : nous sommes fortes ; et nous le serons. Et pourquoi sommes-nous fortes ? Et pourquoi serons-nous fortes ? Parce que nous avons foi en Notre-Seigneur, en Notre-Dame et en saint François. Allez maintenant, mes filles bien-aimées, et que Dieu vous protège.

Les béguines se retirèrent en silence, après s'être inclinées une dernière fois devant leur supérieure. Douceline les regarda partir, les yeux secs, sans que l'on eût pu voir sur son visage le reflet de la moindre émotion. Mais sitôt qu'elle se trouva seule avec Mme Philippine, elle se jeta dans ses bras et son cœur éclata.

XVIII

Les deux marchands de Marseille dans la compagnie de qui voyageaient la supérieure et la prieure des béguines de Roubaud avaient nom Anselme et Bernard Esquirol. Anselme était l'oncle de Bernard. Anselme était un gros homme tout rond, à la face réjouie, aux petits yeux pé-

tillants, à la bouche rieuse et gourmande, tandis
que Bernard, bien qu'il n'eût pas encore dépassé
la vingtaine, ressemblait, avec son teint pâle et
ses airs mélancoliques, à un homme revenu, et
depuis longtemps, de toutes les joies de ce monde :
il était grand, maigre et comme courbé sous le
poids d'un perpétuel fardeau trop pesant pour
ses frêles épaules : ce qui, d'ailleurs, ne l'empêchait point d'être aussi gai et aussi disposé que
son oncle à s'accommoder de tout et à tirer des
choses le meilleur parti et le plus agréable. Aussi
leur bonne humeur ne tarda-t-elle point à dis-
siper les impressions de tristesse dont se sentit
pénétrée Douceline durant les premières heures
du voyage.

— Voyez, ma bonne mère, comme la mer est
bleue, disait Anselme ; voyez cette petite voile
de pêcheur, là-bas, toute blanche ; croirait-on
pas une aile de tourterelle... ou plutôt... oui,
plutôt, la plume d'une aile d'ange ? Et voyez, ma
bonne mère, voyez de ce côté... ces murailles de
roches rouges...

Mais Douceline ne l'écoutait que distraite-
ment. Elle avait encore dans les oreilles les cris
et les sanglots d'adieu que, malgré la défense
qu'elle leur avait fait faire par Mme Philippine

— n'ayant pas eu le courage de la faire elle-même — de ne point se trouver là au moment du départ, lui avaient adressés les béguines ; elle avait encore dans les yeux la vision de ces voiles blancs qu'elles agitaient sur la route longtemps après qu'elle les avait quittées et qui, à chaque pas de la mule sur laquelle elle était montée, devenaient plus petits, plus petits, plus lointains, plus lointains ; elle avait encore sur les mains la trace humide des larmes et des baisers dont ses chères filles les avaient couvertes... Ah! comment avait-elle eu la force de les abandonner?

— Mieux vaudra maintenant, ma bonne mère, disait Bernard, descendre de votre monture. Le chemin longe un précipice et si la mule venait à buter... on ne sait jamais, n'est-ce pas? Et vous, pareillement, madame Philippine, il sera plus prudent que vous marchiez à pied. Voici l'heure, d'ailleurs, de nous restaurer un peu.

La caravane fit halte dans un bois de chênes-lièges dominant à pic la mer. Bien que l'on fût en plein janvier, l'air était aussi tiède qu'aux plus belles journées de printemps. Une fois les bêtes déchargées, les serviteurs s'approchèrent : Douceline récita le *Benedicite*, puis Anselme et Bernard offrirent à chacun leur part de collation.

Comme ils allaient se remettre en route, un être étrange apparut, qui ressemblait à la fois à un homme, à un animal et à une plante ; son visage se cachait sous une longue crinière entremêlée de ronces qui lui tombait jusqu'aux reins où elle se confondait avec une sorte de tunique faite de peaux de bêtes et de lianes ; ses bras et ses jambes étaient couverts d'une épaisse toison et ses ongles formaient des crocs pareils à ceux de certaines machines avec lesquelles les paysans labourent le sol pierreux de nos campagnes ; et au lieu de paroles articulées, sortaient d'entre les touffes broussailleuses de sa barbe de sourds grognements entrecoupés d'abois aigus.

— C'est l'ermite de la Garde, dit Anselme à Douceline. Il y a plus de vingt ans qu'il vit, non loin d'ici, dans une grotte, de miel sauvage et de racines. Ne le laissez pas approcher de vous, ma bonne mère ; il est couvert d'ordure et de vermine.

Mais Douceline, au lieu de reculer, s'était avancée au-devant de lui. L'homme, alors, se jeta à terre et, s'étant traîné jusqu'à elle sur les genoux, couvrit de baisers les pieds de la sainte.

— Relevez-vous, mon frère, dit-elle en rougissant, relevez-vous, je vous le demande en grâce ; car ce serait plutôt à moi de m'agenouiller devant vous qui nous donnez un si bel exemple de renoncement et de vertu. Allons, relevez-vous.

Et, se baissant, elle lui prit les mains et l'aida à se remettre debout. Il frétillait et poussait de petits cris de joie comme un gros bon chien que son maître caresse ; et quand, pour la mieux contempler, il écarta de son visage l'espèce de cagoule d'herbes et de poils qui le cachait, Douceline put voir dans ses yeux, de grands yeux clairs, d'une pureté angélique, briller une flamme céleste.

Le deuxième jour après qu'ils avaient quitté Hyères, les voyageurs atteignirent, pour y passer la nuit, une petite ville au bord de la mer. Une haute muraille de roche jaune la surplombait à pic, que les rayons du soleil couchant rendaient pareille à un bloc d'or, et dont le reflet creusait dans l'eau calme un vertigineux et aveuglant abîme. Pendant qu'Anselme et Bernard Esquirol s'occupaient à loger les bêtes et à chercher pour eux-mêmes, pour leurs compagnes de voyage, pour leurs serviteurs, pour leurs marchandises un abri sûr, Douceline et Mme Philippine s'assirent devant la mer sur un rocher. C'était la première fois qu'elles se trouvaient seules depuis leur départ.

— Quelle douce chose que le silence, dit Douceline, et qu'il est bon de s'appartenir à soi-même !

La prieure sourit :

— Et dire que les hommes accusent toujours les femmes d'être bavardes !

— Il faut parler beaucoup, ma chère sœur, et savoir bien parler pour convaincre ses semblables que le drap ou les épices qu'il s'agit de leur vendre valent plus que le prix que l'on en demande, et que c'est à cause qu'on leur veut du bien, que l'on consent à faire, à leur profit, ce sacrifice. Ce qui n'empêche point, d'ailleurs, les gens auxquels, vous et moi, nous pensons, d'avoir bon cœur et d'aimer leur prochain, de croire en Dieu et de le bien servir. A nous de les amener à le servir mieux...

Comme elle achevait ces mots, l'angélus sonna à l'église voisine. Elles s'agenouillèrent et prièrent. Que le son de cette cloche, dans la paix de ce crépuscule doré, devant cette mer si calme qu'on entendait à peine le bruissement des petites vagues qui venaient mourir sur le sable, que le son de cette cloche émouvait leurs âmes! Qu'il vibrait tendre et cristallin! Et quels souvenirs il évoquait dans la mémoire de leur esprit et de leur cœur!

— La cloche de Roubaud, prononça Douceline, comme se parlant à elle-même, la cloche de Roubaud avait cette voix argentine. Si jamais Dieu permet que nous ayons, dans le pays où nous serons demain, une maison qui lui soit consacrée, et s'il veut bien que nous possédions une cloche, en trouverons-nous une qui ait la même voix?

— Oui, nous la trouverons, ma bonne mère, dit Mme Philippine. Mais voici nos amis qui nous reviennent!

Anselme et Bernard les rejoignirent. Ils parlaient haut en faisant de grands gestes : on eût pu croire qu'ils se querellaient, mais c'était leur manière d'être. Ils se demandaient tout simplement si le logis qu'ils avaient découvert était digne des deux saintes femmes qu'ils avaient prises sous leur protection et si ce n'était point leur faire insulte que de leur proposer d'y passer la nuit.

— Qu'est-il donc advenu, maître Anselme,

demanda Mme Philippine que vous soyez, l'un
et l'autre, si agités ?

— Mais rien, ma mère, rien. Il y a seulement
que, mon neveu Bernard et moi, nous rougissons,
je veux dire, nous avons le cœur déchiré, oui
déchiré, nous sommes honteux, enfin, de ne pouvoir vous offrir dans cette ville, comme nous
l'aurions voulu, une hospitalité magnifique ; mais
cela ne dépendait pas de nous, vous le savez.
Sans quoi... sans quoi...

— Mon oncle Anselme a dit vrai, intervint
Bernard. Après vous avoir mises dans la néces-
sité de n'avoir pour abri, la nuit dernière, que le
ciel étoilé du bon Dieu, le feuillage des oliviers
et vos manteaux — heureusement que la nuit
n'était guère froide ! — nous aurions tant aimé
vous voir dormir, cette nuit-ci, dans une riche
maison ! Malheureusement, celle des amis chez
qui nous logeons d'ordinaire est pleine de parents
qui leur sont venus des environs... et il faudra
vous contenter...

— Et il faudra vous contenter, mes bonnes
sœurs, d'une humble chambre et de deux pauvres
lits chez de braves gens, oui, de braves, de très
braves gens que nous connaissons... sans quoi...
sans quoi... sans quoi...

Douceline l'interrompit :

— Un tas de paille dans l'étable ou dans la grange, c'est tout ce que, madame Philippine et moi, nous souhaitons. Cessez donc de vous tourmenter, maître Anselme, nous y serons sûrement mieux que sur les lits de plume et sous les plafonds de cèdre des plus beaux palais.

Le lendemain, à la tombée du soir, les voyageurs étaient aux portes de Marseille.

DEUXIÈME PARTIE

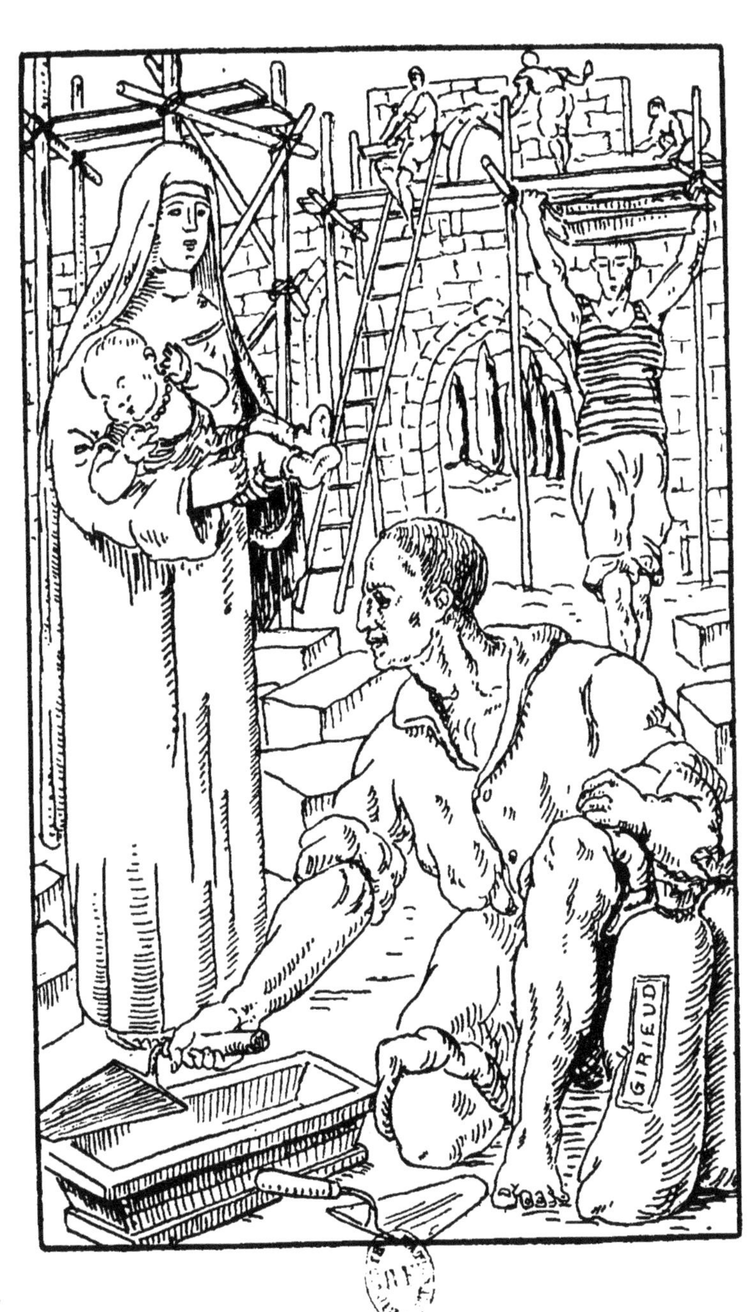
GIRIEUD

I

Quand Douceline vint se fixer à Marseille et décida d'y construire un nouveau béguinage auquel, d'ailleurs, en souvenir de sa fondation d'Hyères, et pour bien indiquer que l'esprit comme la règle en serait le même, elle donna le nom de Roubaud, la situation politique de la vieille cité phocéenne était singulièrement troublée.

On était en 1250. Il y avait trente-six ans que, se ressouvenant des temps lointains où la République marseillaise n'avait pas hésité à prendre les armes contre César lui-même pour défendre ses libertés, Marseille avait secoué le joug des vicomtes qui, depuis près de deux siècles et demi, la tenaient en tutelle, et s'était proclamée indépendante et libre. Au cours d'une assemblée solennelle qui avait eu lieu, selon l'usage, dans le cimetière des Accoules, au milieu d'un enthousiasme indescriptible, le peuple avait fait le serment « par les Trois Personnes de la Trinité » que « pour le bien et l'utilité de tous les habitants de la commune de Marseille et pour le maintien des libertés et franchises de cette cité, quiconque aura pu être seigneur dans la cité inférieure de Marseille, ou qui aura eu quelque portion dans cette seigneurie, ne puisse par lui ou quelqu'un de sa race être élu ou établi dans le régime ou la viguerie de la ville inférieure ; qu'il ne puisse être viguier ou sous-viguier, ni bayle, recteur ou consul ; que rien de nouveau ne puisse être ordonné ou statué qui pourrait diminuer le dominium ou la seigneurie que cette ville a et doit avoir dans la commune et ailleurs; ce qui sera perpétuellement et inviolablement observé ». Ç'avait été de grandioses moments.

Entre les arcades de ce lieu sacré, parmi les tombes des aïeux, des milliers d'hommes et de femmes se pressaient, ivres de joie : jamais la lumière du clair azur méridional ne leur avait paru plus belle ; toutes leurs souffrances étaient finies, toutes leurs misères oubliées. Est-il, dans aucune langue du monde, d'autre mot qui possède un pouvoir magique comparable à celui de ce mot : Liberté ? En est-il aucun pour lequel les hommes consentent plus joyeusement à verser le sang de leur vie ?

Et ce peuple foulait la cendre de ses morts ; de dessous les dalles des sépulcres une rumeur se levait, plus puissante encore que les cris qui sortaient des bouches des vivants, un chant d'allégresse et de délivrance, un hymne éclatant de fier patriotisme que le son des cloches battant à toute volée au clocher de l'église des Accoules ne parvenait pas à dominer.

Puis un grand silence s'était fait et le premier podestat de la nouvelle République, le chef suprême de la communauté marseillaise, entouré du viguier et du sous-viguier, des recteurs et des syndics, des quatre-vingts membres du Conseil général et des cent membres du Conseil des chefs de métiers, debout au sommet des marches qui faisaient communiquer le cimetière avec l'église, par trois fois sur les livres saints — comme jadis à la même place, sur l'autel d'Apol-

lon (s'il est vrai que l'église des Accoules ait été
bâtie sur l'emplacement d'un temple consacré
au fils de Jupiter et de Latone), les consuls de la
première République — par trois fois, d'une voix
ferme et retentissante, avait prononcé le serment de fidélité. Et par trois fois les bannières
des corporations s'étaient inclinées et par trois
fois l'oriflamme de Saint-Victor, l'étendard de la
République, aux acclamations de la foule, l'avait
salué. Dans un champ de soie rouge comme teint
de son sang, triomphait le porte-enseigne de la
Légion Thébaine, beau comme un dieu païen et
tout en armes, avec sur son bouclier l'écusson de
Marseille ; les broderies d'or et d'argent étincelaient dans le soleil et la cuirasse du martyr semblait formée d'écailles de diamant.

L'enthousiasme du peuple, alors, passa toutes
les bornes et ce fut véritablement le délire qui
s'empara de cette masse d'hommes et de femmes
quand on vit le podestat prendre entre ses mains
l'étoffe sacrée, lentement l'approcher de ses lèvres
et y déposer un baiser. Les hommes lançaient en
l'air leurs chapeaux, les femmes lui jetaient les
fleurs de leur corsage. Lui, souriait gravement, un
peu pâle.

C'était un personnage de fière stature, au

visage énergique, aux gestes empreints de noblesse et de grâce et qui, en bon Italien qu'il
était — les statuts de la République exigeaient,
pour éviter qu'il se laissât dominer, dans l'exer-
cice de ses pouvoirs, par des considérations de
famille ou des intérêts personnels, que le podestat
fût étranger au pays — savait l'art de représenter
et de plaire. Il était né à Rapallo et s'était signalé
tant par sa valeur militaire que par son habileté
dans les négociations, au cours des longues luttes
que soutinrent les Gênois contre les Pisans. Le
sort de la Patrie ne pouvait donc être remis en
de meilleures ni plus dignes mains. Et puis, un
nouvel ordre de choses était né qui portait en
lui toutes les promesses de prospérité et de
bonheur ; Moïse apercevant, des hauteurs du
mont Nebo, la terre fertile de Chanaan, ne sentit
pas son cœur pénétré de plus de joie que n'en
éprouvaient ces braves gens à l'imagination naïve
devant l'avenir qui s'offrait à eux ; et quand, au
soir de ce jour mémorable, le capitaine qui,
depuis le matin, avait promené à travers les rues
pavoisées de la ville l'oriflamme de la République,
retraversa, suivi d'une foule innombrable, le pont
de bateaux jeté pour la circonstance, au bout du
port, entre l'église Saint-Jean-de-Jérusalem et

l'abbaye de Saint-Victor, afin de remettre aux moines qui en avaient la garde le glorieux drapeau, il est hors de doute que cette foule n'aurait pas hésité une minute à lapider et à écharper quiconque eût osé mettre en doute l'éternité de la République de Marseille.

II

Les Marseillais, cependant, gens pratiques s'il en fut jamais, n'avaient pas attendu cette date pour tirer profit des conditions particulièrement avantageuses, pour ne pas dire uniques, que présentait la position géographique de leur ville, et de leurs dons héréditaires et traditionnels pour les entreprises commerciales.

Les Croisades avaient puissamment aidé à leur prospérité. Poussés par leur instinct du lucre plus que par le désir d'arracher le tombeau du Christ et les Lieux Saints à la domination des infidèles, ils n'avaient point manqué d'y prendre une part active ; de sorte que, grâce aux transactions directes auxquelles donnaient lieu le passage et le séjour des chevaliers et des pèlerins qui venaient s'embarquer à Marseille et s'y pourvoyaient des approvisionnements de toute sorte nécessaires à une expédition aussi lointaine et aussi aventureuse, grâce aussi aux relations qu'ils ne tardèrent pas à nouer avec les pays conquis, grâce enfin à l'ingéniosité qu'ils déployèrent pour créer au commerce marseillais sur toute l'étendue des royaumes francs des avantages et des privilèges, la richesse de la vieille cité massaliote s'était accrue dans des proportions considérables.

Comme un grand nombre de Croisés marseillais s'étaient, d'autre part, trouvés à la prise de Jérusalem et des villes les plus importantes de Palestine, comme, dans la suite, les Marseillais avaient fourni de puissants secours aux rois de Jérusalem dans leurs guerres contre les Sarrasins et les Égyptiens, ils avaient été exemptés, en retour, de toute espèce de droits et d'impositions, et, dans le même temps qu'Innocent IV frappait d'excommunication quiconque oserait troubler leur jouissance de ces privilèges et plaçait sous la protection du Saint-Siège la ville de Marseille et ses habitants ainsi que leurs biens, Beaudouin III leur donnait une grande maison à Jérusalem, à Saint-Jean-d'Acre et, dans tous les ports soumis à sa domination, une église, un four et une rue, avec le droit d'y avoir des juges et des consuls ;

plus tard encore, Conrad, marquis de Montferrat, leur accordait dans la ville de Tyr des faveurs analogues et Amaury de Lusignan faisait de même en ce qui concernait le royaume de Chypre.

Jamais les chantiers du port n'avaient construit et équipé autant de navires ; jamais l'industrie des armes n'avait été aussi florissante. La population de la ville, durant le temps que le roi d'Angleterre, Richard Cœur-de-Lion, y séjourna, se préparant à prendre la mer, avait doublé ; quelques mois plus tard, une autre armée de Croisés arrivant à Marseille, composée surtout de Templiers et d'Allemands, auxquels s'était joint un assez fort contingent de Catalans, il fallut équiper une nouvelle flotte ; et, deux ans auparavant, bien que le saint roi Louis se fût embarqué pour la croisade au nouveau port d'Aigues-Mortes, c'est avec les armateurs de Marseille que les organisateurs de l'expédition avaient traité pour le gréement et l'équipement de vingt-quatre nefs.

Dans les rues étroites, une cohue bizarre se pressait depuis l'aube jusqu'à l'heure du couvre-feu ; il y avait là des chevaliers venus avec leurs femmes, leurs enfants, leurs serviteurs, leurs chiens et leurs oiseaux de chasse ; il y avait aussi des pauvres qui, saisis d'un saint enthousiasme, avaient quitté leurs champs et leurs vignes, leurs montagnes et leurs forêts et avaient pris la croix. Les hôtelleries étant pleines, ils logeaient chez l'habitant et, à plusieurs reprises, on s'était vu forcé, tant la presse était grande, de planter des tentes hors de la ville pour les abriter.

Marseille était alors divisée en quatre villes : la ville haute ou ville épiscopale, dite aussi ville des Tours, qui restait entièrement soumise à l'autorité du clergé et dont l'évêque était le véritable souverain ; la ville de la prévôté et de l'œuvre de la cathédrale que gouvernait le Chapitre de la Major, représenté par le prévôt et l'ouvrier ; la ville abbatiale qui n'était, d'ailleurs, ni la moins étendue, ni la moins riche et sur le territoire de laquelle les moines de Saint-Victor jouissaient de privilèges quasi régaliens ; enfin la ville basse, l'ancienne ville vicomtale, devenue la ville républicaine, qui avait la possession du grand port, déjà nommé le Port-Vieux, avec son arsenal, ses ateliers, ses chantiers du Plan Fourmiguier, son peuple de marchands, d'artisans, de pêcheurs, de marins.

Toute la vie, tout le mouvement de l'agglomération marseillaise avait son foyer dans la ville basse, surtout dans le Port-Vieux. Deux tours en défendaient l'entrée du côté de la mer, la tour Saint-Nicolas, sur la rive abbatiale, la tour Saint-Jean, en face, et il était séparé, en outre, de la ville basse proprement dite par un haut rempart contre lequel s'adossaient, à l'intérieur, les maisons des rues parallèles. De place en place, la muraille fortifiée était percée d'ouvertures appelées grottes que l'on fermait, le soir venu, avec des grilles de fer et qui faisaient communiquer la ville et le quai, formant des entrepôts et des boutiques où l'on étalait, sitôt débarquées, les marchandises de toute provenance et de toute nature que les portefaix extrayaient sans cesse des flancs arrondis des grandes naves.

C'était, avec les rues avoisinantes, le rendez-vous de tous les voyageurs. Entre les maisons dont les toits se touchaient presque, tant elles étaient étroites, comme sous les voûtes des grottes, régnait l'animation la plus pittoresque. On y parlati toutes les langues connues et inconnues, on y coudoyait les types les plus étranges, vêtus des costumes les plus chatoyants, on y respirait une atmosphère de parfums et d'épices, d'herbes aromatiques et de cuisine, mêlée à l'odeur du goudron et de la mer que la brise du large y chassait par bouffées en même temps que l'écho des refrains bizarres que chantaient, en s'accompagnant d'instruments ignorés, des marins étrangers sur le château d'arrière de quelque navire à l'ancre.

Dans les boutiques et les entrepôts s'entassaient toutes sortes d'objets disparates et curieux qui exerçaient sur les imaginations un attrait irrésistible, la séduction de cet Orient dont les chansons de croisade et les récits des pèlerins avaient fait entrevoir au monde occidental le mystère et la volupté. Il y avait là des étoffes de Syrie, de Constantinople et de Samos, des tapisseries de Perse, des parfums d'Arabie et de Palestine, toute espèce de denrées et d'épices à l'arome brûlant, des bijoux et des besants d'or pur, des coffres pleins de perles et de pierres précieuses, des orfèvreries venues de l'Inde, de l'Arménie et du Khorassan par l'intermédiaire des négociants d'Amalfi ou de Pise, des fourrures importées de Russie par les marchands juifs, des verreries de Tyr, des soies et des camelots de Tripoli, des couffes de sucre que l'on cultivait à Rhodes et dans l'île de Chypre, des fûts de vin de Grèce, des pièces de drap fin de Florence et de Milan.

A toutes ces richesses le flamboiement du ciel méridional ajoutait de nouvelles splendeurs dont les regards de ces hommes accoutumés à la lumière grise des pays du Nord ne pouvaient supporter l'éclat et quand, ayant franchi les voûtes, ils débouchaient au plein soleil, dans le vaste espace libre du port, parmi le miroitement de l'eau, le balancement des voiles blanches, jaunes, rouges, quand ils voyaient à travers la trame des mâts, des cordages, des filets séchant au soleil, se découper sur le fond d'azur les silhouettes des clochers, des tours, des murailles crénelées au-dessus des toits de tuiles roses, beaucoup d'entre eux se croyaient déjà parvenus au terme du voyage. Oui, c'était bien là l'Orient, Antioche ou Saint-Jean-d'Acre, Tyr ou Tripoli, et ils s'attendaient à voir apparaître au sommet des remparts quelque princesse musulmane, aux beaux yeux de flamme, sous ses voiles pailletés... et ces imaginations ne faisaient qu'exalter l'impatience et surexciter l'ardeur des pèlerins et des croisés.

A bord des bateaux qui devaient les emporter

s'achevaient les préparatifs du départ. Il y en avait de toutes les dimensions et de toutes les formes : de longs et de ronds, de lents et d'agiles, de hauts et de bas; ceux-ci avaient l'allure de gros canards dont les timons jumeaux étaient les pattes ; le corps de ceux-là, au contraire, s'effilait à fleur d'eau, comme le corps des poissons. Le dromon byzantin voisinait avec la nave latine, la caraque arabe avec la coque germanique, les « chats » avec les « tarides », les « busses » avec les « taforées ». Leurs ventres étaient peints de couleurs éclatantes et des ornements d'or rehaussaient les bordages du château de poupe à l'intérieur duquel était la chambre de parade. L'on embarquait les provisions et les bagages, les coffres renforcés de fer et les arches au couvercle renflé. Sous un abri de toile, au bord du quai, les marchés de voyage se concluent tandis que sur le navire même l'écrivain inscrit au registre les noms, prénoms, titres et qualités de chaque passager ; après quoi il lui délivre son billet numéroté. Les pieds nus ou chaussés d'escarpins de laine, les jambes prises dans des « chaulces » de grosse toile, les marins vaquent aux dernières manœuvres de l'appareillage. Le commandant du bateau, le comite, vient d'arriver, vêtu de rouge, pennon en main, au son des trompettes ; l'on retire les passerelles qui rejoignaient encore le navire à la terre ; grimpés au dernier étage du château d'arrière, les trompettes sonnent ; on lève l'ancre, les bannières se déploient : « Faites voile de par Dieu ! » crie le comite, cependant que les pèlerins entonnent le *Veni Creator Spiritus*, repris par la foule massée sur le rivage. Des mains s'agitent en signe d'adieu, des yeux se voilent de larmes et quand, traçant à travers l'eau miroitante du port un sillage mouvant, la nave a pris sa marche, et quand, toutes voiles dehors, elle franchit la passe entre les deux tours, saluant de son oriflamme l'image de saint Nicolas, patron des pèlerins, à qui est consacrée l'une d'elles, et quand elle disparaît là-bas dans la grande mer semée de périls, une angoisse étreint tous les cœurs et un regret aussi. Combien en a-t-on vu partir de ces beaux navires qui ne sont jamais revenus ? Mais quelle ivresse de s'en aller ainsi vers l'inconnu, vers les pays de la lumière et des aventures, vers les terres de merveille d'où viennent les parfums et les pierres précieuses et ces étoffes de soie et d'or qui portent dans leurs plis un peu de la splendeur des nuits orientales !

III

C'est près de la porte de Crotte-Vieille, dans le faubourg du même nom, que Douceline décida de bâtir le nouveau béguinage. Les tours crénelées de la porte touchaient presque au chevet de l'église de Saint-Martin ; les couvents des Frères Mineurs et de Sainte-Claire n'en étaient guère éloignés. L'entrée principale de la pieuse maison s'ouvrirait sur le vieux chemin de Crotte-Vieille ou de Saint-Bausile, la façade latérale longerait la rue des Cordiers qui, partant du couvent de Sainte-Claire, montait jusqu'à la plaine Saint-Michel, où se trouvaient les fourches patibulaires de la ville inférieure.

Dès que Douceline eut choisi cet emplacement, elle appela les maçons et, avec l'extraordinaire netteté de vue qu'elle possédait de toutes les choses matérielles, eut bientôt fait de leur donner les instructions pour que ses plans fussent exécutés conformément à ses idées et aux nécessités particulières que commandait la construction d'un édifice de ce genre. Les travaux furent aussitôt entrepris. La sainte mère venait chaque jour sur le chantier, activant le zèle des ouvriers, heureuse de voir se réaliser, prendre corps, son rêve. Elle passait de longues heures avec ces hommes rudes aux mains grossières qui maniaient avec tant d'habileté la truelle et la taloche ; elle aimait leurs façons familières et cordiales et, sous leurs dehors frustes, leur délicatesse de sentiment et de pensée.

Le maître compagnon surtout l'avait conquise. C'était un grand gaillard de puissante carrure, l'air farouche et violent, les yeux toujours pleins de menace, la voix autoritaire, mais qui, entre les parois de sa forte poitrine, donnait asile à une âme ingénue, aimante et douce de jeune fille. Elle s'intéressait à lui. Il était veuf depuis deux ans : sa femme était morte en donnant le jour à un gros garçon dont il prenait soin avec une tendresse toute maternelle, ne le quittant pas un instant, l'amenant avec lui, sur les chantiers où il travaillait, dans une sorte de panier qu'il avait tressé de ses mains et qu'il s'accrochait au dos pour faire la route, et au fond duquel l'enfant passait ses journées douillettement couché, à l'ombre des platanes. Et Douceline avait de suite adopté l'enfant qui, sitôt qu'il l'apercevait, se mettait à pousser vers elle des cris de joie en agitant ses petits pieds et ses petites mains. Elle le prenait dans ses bras et commençait l'inspection des travaux.

— Eh bien! Gombert, où en sommes-nous? demandait la sainte. Cela avance-t-il?

— Voyez, ma bonne mère.

Elle allait et venait à travers les blocs de pierres, les tas de briques et de tuiles, les pièces de charpente, parmi les pans de murs et les échafaudages, attentive aux moindres détails, se rendant compte de tout. Il la suivait, et par-dessus l'épaule de la sainte envoyait des baisers à l'enfant qui riait aux anges. Dans l'ouverture des portes et des fenêtres, le paysage étincelait, plus lumineux, plus précieux à voir, de se trouver ainsi encadré et circonscrit : ici, un plan d'oliviers dévalant en pente douce vers une route blanche ; là, une colline couronnée de pins entre les troncs violets desquels passait un ruban de mer bleue ; ailleurs une perspective de rues et de toits se resserrant jusqu'au port comme la fente d'un créneau, où miroitait au plein soleil l'eau immobile ; plus loin, une échappée sur l'immense plaine de Marseille jalonnée de place en place par les quenouilles noires des cyprès... et toujours, et partout, à l'horizon, la mer radieuse, la mer d'azur, sous le dais de lumière et d'or liquide du ciel.

Elle voulait tout voir, s'informait de la qualité et de la force de résistance des matériaux, demandait à Gombert de réserver pour la chapelle les pierres les plus belles, les bois les plus choisis, les mortiers les plus fins et les plus purs.

— Rien ne sera jamais trop magnifique, Gombert, pour orner la maison de Notre-Seigneur. Que ne sommes-nous assez riches pour lui bâtir un temple de marbre et d'or, un tabernacle de rubis et d'émeraude, pour en revêtir les murs des plus somptueuses étoffes! Mais non, rien de cela n'est nécessaire à Celui qui a voulu naître dans une étable, entre l'âne et le bœuf et recevoir, avant d'être visité par les rois, l'offrande des bergers. C'est avec nos prières et notre foi, avec nos actes de charité et d'humilité, dans le fond de nos cœurs, qu'il faut lui élever un autel et c'est là qu'il lui sera toujours le plus doux de descendre et de demeurer!

— Oui... oui, disait Gombert, oui, oui, ma bonne mère... N'importe... s'il nous était possible de couvrir d'une mosaïque à champ d'or la voûte du sanctuaire, d'étendre un pavement de marbre sur le sol, d'élever au fond du cœur un ciborium d'albâtre enrichi de pierres précieuses, cela, tout de même, vaudrait encore mieux !

— Non, Gombert, rien ne peut valoir mieux, aux regards de Celui qui voit tout et sait tout, que le don et l'abandon de nous-mêmes en ses mains. Le plus bel ornement dont nous puissions parer la chapelle des béguines de Roubaud, ce sont nos effusions de cœur, l'élancement et la ferveur de nos prières, notre détachement de tous les biens terrestres, le pur parfum de notre amour...

IV

C'était la première fois que les béguines célébraient, dans la chapelle du couvent, les douloureuses fêtes des jours saints. Elle était à peine achevée ; une partie du pavement restait à faire et des échafaudages se dressaient encore derrière l'autel ; l'on sentait que Dieu n'y habitait pas depuis longtemps. Aussi, tandis que, parmi les religieuses, les nouvelles venues, loin de déplorer la blancheur immaculée des murs, la propreté des vitres serties de plomb qui laissaient pénétrer violemment et crûment la lumière, la netteté des

dalles où ne se voyait aucune trace de pas, en
étaient fières, les autres, par contre, celles qui
avaient abandonné le béguinage d'Hyères pour
suivre Douceline, ne pouvaient s'empêcher de
songer avec mélancolie à leur ancienne chapelle,
où, si délabrée qu'elle fût, elles avaient connu
de si bonnes heures de recueillement et d'oraison.
Là, du moins, tout parlait à leurs yeux et à leurs
cœurs. Une pénombre mystérieuse y régnait sans
cesse où la lampe du sanctuaire brûlait, même
en plein jour, comme une petite étoile à travers
les frondaisons noires d'une forêt ; aux murailles,
au plafond, étaient suspendus mille objets qui
tous leur rappelaient des souvenirs, ici, des images
pieuses, là, des ex-voto, des chapelets, des sca-
pulaires, le carcan d'un pèlerin qui était resté
dix ans prisonnier chez les infidèles, un bateau
en miniature qui était la reproduction exacte,
avec tout son gréement, d'un dromon byzantin,
des béquilles, des couronnes de laurier séché ;
mais ce qu'elles regrettaient par-dessus tout, c'était
l'atmosphère d'ardeur spirituelle, de fervente
piété, que les visions et les extases de leur sainte
supérieure y avaient créée et qui faisait qu'à
peine en avait-on franchi le seuil, l'on se sentait
comme transporté dans un autre monde, loin

de la terre et de toutes ses impuretés. Combien de temps faudrait-il pour qu'il en fût ainsi de la nouvelle-chapelle ?

La puissance de l'esprit est si forte, cependant, que, ce jeudi saint, dès qu'elles se trouvèrent rassemblées autour de Douceline pour la cérémonie du lavement des pieds, leurs regrets ne tardèrent point à s'atténuer. La présence de la sainte avait suffi à donner de la vie à ces murs froids et nus, à les rendre accueillants et intimes, comme il arrive pour les maisons humaines qui, d'indifférentes ou antipathiques qu'elles sont, deviennent tout le contraire sitôt qu'on y apporte des fleurs.

Debout au pied de l'autel, Douceline, avant de procéder à la cérémonie, s'était mise à leur parler, avec une tendresse enflammée, de la mort de notre miséricordieux Seigneur, et, les exhortant à passer ce saint jour d'anniversaire dans l'abattement et dans la douleur, elle leur avait enseigné comment elles devaient ressentir cette douleur.

— Un homme, dit-elle, voyant approcher la sainte semaine, se désolait de ne savoir de quelle manière il devait se conduire le vendredi saint, lorsque Dieu consentit à lui montrer ce qu'il cherchait.

« Le jeudi saint, comme il était assis dans la cour de sa maison, il vit descendre du ciel une colombe. D'abord il la crut blessée, mais il s'aperçut bientôt qu'il n'en était rien et il s'en réjouissait, car il aimait les bêtes et particulièrement les oiseaux, à cause du privilège dont ils jouissent de s'élever à travers la lumière et les nuages jusqu'au trône même de Dieu. Mais quand arriva le soir, la colombe parut souffrir ; elle tenait ses ailes baissées, penchait la tête vers la terre et ses yeux étaient tout éteints et son souffle haletait. Le lendemain, qui était le jour de la grande douleur, quand l'homme, à son lever, s'approcha d'elle, il la trouva plus abattue encore, et à la neuvième heure, elle tomba ; les ailes étendues, le cou replié, la tête allongée sur le sol, les plumes ébouriffées, elle gisait inerte : elle était morte. Elle resta ainsi tout le reste du jour et la nuit tout entière. Mais quand le samedi saint fut venu, dès l'aube elle ressuscita. Aux roucoulements qu'elle faisait, l'homme ouvrit la fenêtre et fut tout surpris de la voir qui, revenue à la vie, ferme sur ses petites pattes, se lissait les ailes d'un air joyeux. Elle le regarda longuement, claquant du bec en signe de reconnaissance, le salua trois fois de la tête, puis prit son essor et s'envola dans les airs, au moment même où les cloches, à toute volée, sonnaient pour annoncer au monde que le Seigneur Jésus avait vaincu la mort.

« Mes sœurs, mes chères sœurs, imitez la colombe ; ainsi célébrerez-vous dignement, en entière pureté et simplicité de cœur, les fêtes des jours saints. »

Après quoi, elle commença de leur laver les pieds, selon la pieuse coutume, en récitant des prières qu'elle interrompait pour adresser à chacune d'elles d'affectueuses paroles. Dans cette posture et ce geste d'humilité, elle leur paraissait plus vénérable encore. Quand ce fut le tour de Mme de Porcellet, celle-ci se leva et d'une voix suppliante :

— Non, ma mère, je ne le souffrirai point.

A quoi la sainte, sur le ton autoritaire qu'elle savait prendre et qui n'admettait point de réplique :

— Je le veux ainsi, cependant.

Et elle fit ce qu'elle avait décidé de faire, puis se redressant, elle l'embrassa tendrement et lui dit avec l'accent le plus doux :

— Ne vous ai-je pas trop souvent obéi, ma bonne dame Philippine, alors que vous me donniez vos soins ? A votre tour, aujourd'hui.

*_**

La veille de l'Ascension, toutes les sœurs s'en étant allées ouïr les vêpres de la fête à l'église des Frères Mineurs, la sainte mère resta seule. Il faisait un de ces après-midi de printemps où le jeune soleil a déjà les ardeurs de l'été. L'air était saturé du parfum des lys et des roses musquées. Douceline se mit en oraison sous un arbre, pour prier Notre-Seigneur et méditer sur le mystère ; et l'extase s'empara d'elle. Elle fut transportée au milieu des apôtres sur les hauteurs de Béthanie. Le bon maître était là qui leur montrait ses mains et ses pieds troués par les clous, son flanc percé par la lance, les blessures qu'avaient faites autour de son front les épines de sa couronne et elle l'entendit qui disait : « Allez par tout le monde et prêchez la bonne nouvelle à toute créature. » La douceur de sa voix l'emplissait d'épouvante et de joie et la lumière dont resplendissait son visage était telle qu'elle ne pouvait en soutenir l'éclat. Et soudain, dans une colonne de flamme, il fut enlevé au ciel et disparut.

Quand les béguines revinrent des vêpres, elles

la trouvèrent à la même place, immobile, comme pâmée. Elles dirent complies et matines sans que, durant ce temps, elle eût fait le moindre mouvement. Le soir approchait ; la cloche de Sauveterre sonna le couvre-feu ; l'air fraîchit. Alors, craignant qu'à cause du serein il ne lui arrivât du mal si elle continuait à demeurer là, elles la supplièrent de les suivre.

— De grâce, sainte mère, ne restez plus ici.

— Venez avec nous, sainte mère ; fuyez la fraîcheur de la nuit.

— Venez, venez, nous vous en supplions. Vous prendrez froid.

Enfin elle se leva et se mit à marcher devant elles. A pas lents, réguliers, très droite, et les yeux fixés au ciel, elle allait, comme quelqu'un qui suit une procession. Et bientôt elle commença à chanter d'une voix qui ne ressemblait en aucune façon à sa voix ordinaire, d'une voix qui avait une étendue prodigieuse et, dans les registres élevés, une chaleur et une force inouïes ; elle chantait un chant ivre de joie et d'enthousiasme, un chant sans paroles, ou dont personne ne pouvait saisir les paroles, tout en rythmes ardents et clairs, une sorte de cantique délirant à la lumière et à l'amour. Par moments elle s'arrêtait, comme à un signal, puis, s'interrompant, écoutait, puis reprenait sa marche et son chant ; et il semblait que ce chant lui dévorait et lui consumait la moelle des os.

Elle les conduisit ainsi jusqu'au dortoir et y entra ; quand elle fut arrivée devant les reliques qui se trouvaient placées sur une sorte d'autel à l'extrémité opposée à la porte, elle s'agenouilla et les vénéra quelques instants durant. Puis elle se releva et se remit à marcher en chantant. Elle fit plusieurs et plusieurs fois le tour du dortoir ; ses filles la suivaient avec des cierges allumés, toutes en proie à la même extase. Elle chantait toujours. Par moments, il leur parut qu'elle chantait : « Nouveau Jésus ! Nouveau Jésus ! Nouvelle Jérusalem ! Nouvelle cité sainte ! » mais elles n'auraient pu l'assurer.

Cette scène se déroula jusque bien après l'heure des matines ; qui en eût été témoin n'eût point douté des faveurs toutes spéciales dont le Très-Haut récompensait la supérieure des béguines et, avec elle, les saintes femmes qui s'étaient rangées sous sa règle, ni de la complaisance avec laquelle il regardait déjà leur nouvelle maison.

V

Encore qu'elle vécût tout à l'écart et ne participant à la vie que pour soulager les souffrances et les misères qui sont, de toutes ses manifestations, celles auxquelles les différences de climat et de race, de religion, d'époque et de gouvernement ont sans doute apporté le moins de changement, il arriva que, par la prospérité même de l'institut qu'elle avait fondé, par la qualité des personnes qui en faisaient partie ou le soutenaient de leur protection, surtout par le renom de sainteté qu'elle s'était acquis, enfin, par la prudence et la sagesse inspirée de ses jugements, Douceline se trouva mêlée, bien malgré elle, d'ailleurs, l'on n'en saurait douter, aux événements politiques dont la Provence fut alors le théâtre.

Mais avant de dire le rôle que la sainte y joua, il convient de rappeler quelles luttes les Marseillais eurent à soutenir, durant tout le XIIIe siècle, pour défendre leurs libertés : non seulement contre Raymond-Bérenger V, comte d'Anjou et seigneur de Provence, à la tutelle de qui ils avaient réussi à échapper en proclamant la République mais contre certains de leurs compatriotes eux-mêmes, notamment l'évêque, d'une part, les puissants moines de l'abbaye de Saint-Victor, d'autre part, qui ne cessaient de porter atteinte par leurs intrigues, leurs ambitions et leur rapacité, à l'indépendance de la commune. Il convient de rappeler aussi avec quelle ténacité, quel esprit de suite, quel patriotisme ils étaient parvenus, en dépit de toutes ces entraves, à accroître leurs privilèges, à développer leur commerce, à enrichir leur ville, à conclure des alliances utiles, à se créer des garanties pour l'avenir contre leurs ennemis du dedans et du dehors. Les difficultés, cependant, ne leur avaient point manqué : contestations incessantes avec les derniers héritiers de Hugues-Geoffroi II, vicomte de Marseille, dont Hugues des Baux était le plus remuant et le plus insatiable ; car bien qu'ayant cédé, pour paiement de ses dettes, en 1214, sa part seigneuriale à la communauté, il n'hésita pas à recourir à l'empereur Frédéric II, lequel prétendait avoir des droits de suzeraineté sur la Provence comme fief détaché du grand royaume de Bourgogne, et fit déclarer Marseille, par la Chambre impériale, rebelle et déchue de ses prérogatives de cité libre ; intervention, sur ces entrefaites, du cardinal Saint-Ange, légat du pape auprès du roi de France, soit pour régler le différend pendant entre Hugues des Baux et la commune, soit pour résoudre celui qui, depuis longtemps, mettait aux prises la commune et l'abbaye de Saint-Victor ; batailles diplomatiques et militaires avec Raymond-Bérenger et avec le comte de Toulouse, coupées de trêves bientôt rompues par des coups de force s'achevant en traités où s'émiettait peu à peu l'indépendance de la République. On ne résiste pas indéfiniment à de tels assauts ; ils amollissent les énergies, ils détendent les courages ; des défections chaque jour se produisent dans les rangs des assiégés et fatalement l'heure sonne où la place doit capituler. Le siège de la République marseillaise dura néanmoins quarante-six ans.

Plus encore que Raymond-Bérenger, messire Charles, frère puîné du roi Louis, qui, par son mariage avec Béatrix, fille du dernier comte de Provence de la maison de Catalogne, avait hérité ce fief glorieux, était homme à ne rien épargner pour s'en assurer l'entière et complète domination. C'était un prince à l'humeur belliqueuse, d'ambition démesurée, doué de peu de scrupule et dont toute résistance à ses visées exaspérait l'appétit de conquête : il le fit bien voir par la suite.

Sitôt revenu de la Croisade où il avait suivi son frère, il s'entendit avec Hugues des Baux, devenu podestat d'Arles et d'Avignon, puis, s'étant emparé de ces deux villes, marcha contre Marseille à la tête d'une nombreuse armée. Après une résistance de huit mois, les Marseillais durent s'avouer vaincus et signer les « Chapitres de paix » par lesquels Marseille rentrait dans le domaine et la juridiction du comte de Provence ; on était en 1252.

Cinq ans plus tard, prenant prétexte de certaines infractions à ce contrat que les recteurs de la ville auraient commises « notamment en ne pas acquittant les droits seigneuriaux et domaniaux qui lui étaient dûs par ladite ville », en faisant entrer « mille hommes armés dans les ports de Toulon et de Bouc lui appartenant, où ils prirent avec violence et conduisirent à Marseille les bâtiments chargés d'hommes et de blé qu'ils y trouvèrent », le futur roi de Sicile envoyait à Marseille des officiers chargés d'exposer ses revendications. Les Marseillais, décidés d'abord à la résistance, gardèrent prisonniers les envoyés du comte, qui vint aussitôt assiéger la ville ; mais quelques jours plus tard, malgré que la ville fût imprenable du côté de la mer — Charles d'Anjou, d'ailleurs, ne possédait point de flotte — malgré la certitude où ils étaient d'être secourus par leurs alliés, malgré les objurgations de ceux de leurs concitoyens, en faible, très faible minorité, hélas ! qui étaient résolus à défendre la patrie jusqu'à leur dernière goutte de sang et préféraient la mort à la honte de la défaite, ils refusèrent le combat.

Dans le vieux cimetière des Accoules, le peuple de Marseille proclama sa volonté pacifique : la République avait vécu. Que le temps était loin où ces mêmes hommes s'étaient levés à l'ombre de ce clocher, parmi les tombes des aïeux, pour saluer la liberté ! Quel enthousiasme, alors, les exaltait ! Quelle ivresse les possédait ! Qu'ils étaient fiers, et beaux, et grands ! Et voici qu'aujourd'hui ils accueillaient par des injures les appels à la résistance et donnaient mission à Roolin, drapier syndic et procureur spécial, d'aliéner leur indépendance entre les mains de leur plus mortel ennemi.

VI

Comment Douceline prit-elle part à ces événements et y fut-elle directement ou indirectement mêlée ? Voici.

La comtesse de Provence étant enceinte, sa grossesse était si pénible et si extraordinaire qu'elle-même et tous ceux qui l'entouraient, ses médecins aussi, désespéraient de sa vie et de celle de son enfant.

Or, une nuit, elle vit en songe une bonne dame, modestement vêtue de l'habit de béguine, qui venait la visiter et lui parlait avec une grande douceur et bonté.

— Priez Notre-Seigneur pour moi, lui demanda la comtesse Béatrix, pour que j'arrive au terme et que mon enfant vive.

Et la bonne dame s'était mise à prier ; et, à la suite de sa prière, la comtesse s'était vue sauvée de tous les dangers qui la menaçaient et elle échappait à la mort, elle et son enfant. Et elle eut trois nuits de suite la même vision.

Alors, elle en parla au comte, certaine que

Dieu ne lui avait pas envoyé sans motif ce songe. Le comte, d'accord avec elle, fit demander s'il y avait dans ses États une dame pareille à celle qui lui était apparue ; quelqu'un lui signala la sainte mère Douceline, et quand il sut qu'elle était la sœur d'Hugues de Digne, de qui le roi Louis l'avait, d'ailleurs, souvent entretenu, il l'envoya chercher.

Quelle ne fut pas la surprise de Douceline lorsque, rentrant un jour au béguinage, elle aperçut devant la porte de Roubaud un char attelé de deux magnifiques chevaux d'Espagne et une compagnie de gens d'armes qui l'attendaient pour la conduire à la cour du comte. Elle refusa d'abord, avec humilité et confusion, mais sitôt que leur chef lui eut fait connaître que la comtesse était gravement malade, elle accepta de le suivre.

— Voulez-vous, ma bonne mère, que j'aille avec vous ? demanda Mme Philippine.

— Ou moi ?

— Ou moi ? s'il allait vous arriver malheur... implorèrent les autres béguines.

— Non point, mes filles, j'irai seule ; c'est mon devoir.

Cependant, le bruit s'était répandu dans le

faubourg que des envoyés du comte de Provence étaient venus chercher la sainte mère... et les langues allaient leur train. C'était encore, disaient les uns, quelque ruse de ce renard de comte ; à moins que, murmuraient les autres, Mme Douceline ne soit chargée par la commune de quelque importante mission auprès de lui ; et ceux chez qui l'ingratitude est une fonction vitale, qui sont ingrats comme on est blond ou brun — il en est, hélas ! — et qui gardaient rancune à la sainte femme de tous les services qu'elle leur avait rendus, hochaient la tête et prononçaient à voix basse le mot de trahison. Qu'avait-elle besoin de se rendre à la cour d'Aix ? N'aurait-elle pas dû, au contraire, refuser de se rencontrer avec l'ennemi déclaré des libertés marseillaises ? On ne leur ferait pas croire que cela ne cachait pas quelque intrigue inavouable. Quant à eux, non seulement ils n'en doutaient point, mais ils en étaient sûrs. En tout cas, quoi que l'on dise ou fasse, ils n'hésiteraient pas à informer du départ de la béguine les recteurs ou le viguier.

VII

L'après-midi s'achevait quand Douceline franchit le seuil de l'hôtel où le comte Charles tenait sa cour. On la conduisit aussitôt auprès de lui ; en compagnie de la comtesse et de ses enfants, il goûtait le frais sous les arbres de son verger.

Dès qu'il la vit apparaître au perron, il se leva et courut à sa rencontre ; puis courbant les genoux :

— Soyez la bienvenue dans ma maison, ma sainte mère.

Et il lui offrit respectueusement la main pour descendre les degrés, comme il l'eût fait à une reine, ce que voyant, les seigneurs et les dames qui se trouvaient là, tous vêtus de magnifiques habits de soie et d'or, se rangèrent respectueusement, la tête inclinée, sur son passage. Dans son humilité, Douceline en souffrit, mais que pouvait-elle de plus que de sembler n'en être point consciente ? Et il faut dire aussi qu'elle y prêtait fort peu d'attention. Le spectacle qui se déroulait devant elle l'intéressait bien davantage, ayant toujours eu, comme je l'ai dit, l'amour des arbres, des fleurs et des animaux, dont le verger du comte Charles offrait le plus merveilleux assemblage qui se puisse imaginer.

Au milieu s'étendait une vaste pelouse émaillée de mille sortes de fleurs et entourée d'une treille qui formait dans sa partie centrale, face au perron de l'hôtel, une sorte de pavillon circulaire où était assise, avec ses demoiselles et ses pages, la comtesse Béatrix. Du plus loin qu'elle la vit, la comtesse la reconnut, bien qu'elle ne l'eût vue qu'en songe, et lui fit de la main des signes affectueux, mais la sainte mère ne les distingua point, occupée qu'elle était en ce moment précis à contempler le flamboiement du soleil couchant sur le gigantesque mur de pierre de la colline Sainte-Victoire que les derniers rayons embrasés faisaient pareille à une citadelle d'or et de flamme, derrière les touffes de verdure noire des pins. La voix du comte la rappela à la réalité.

— Ma sainte mère, voici la comtesse.

— Dieu soit loué, s'écria celle-ci, Dieu soit loué, qui a bien voulu que vous vinssiez auprès de moi!

Et elle se signa. Puis, toute tremblante d'émotion :

— Pardonnez-moi, ma bonne mère, de ne

point être allée au-devant de vous tout à l'heure, et maintenant de ne me point lever pour vous recevoir, mais l'état où je me trouve me l'interdit. Prenez donc place à mes côtés, là, tout à mes côtés, et laissez votre main, je vous prie, dans les miennes.

Douceline se taisait et regardait la comtesse ; il y avait dans les regards de la sainte femme tant de bonté, tant de douceur, tant de tendresse compatissante que deux grosses larmes glissèrent des yeux de Béatrix et qu'elle ne put retenir le mouvement de se pencher vers les mains de Douceline et de les baiser longuement. Et on l'entendait qui murmurait :

— Merci, ma bonne mère, merci... je me sens déjà toute mieux portante.

Puis elle lui raconta le songe qu'elle avait eu et la grande espérance qu'il avait fait naître dans son cœur, en même temps que l'inquiétude où elle s'était trouvée quant à savoir si jamais il serait possible que l'on découvrît le lieu de sa retraite. Elle lui parlait comme à une amie retrouvée ; elle lui ouvrait son âme, lui confiait ses angoisses touchant l'issue de sa grossesse. Douceline la rassurait.

— Dieu y veillera, disait-elle ; il suffit d'avoir foi en lui.

La comtesse l'interrogea ensuite sur l'ordre qu'elle avait fondé et dont on lui avait dit, ce jour encore, tant de choses avantageuses.

— Se peut-il qu'il en soit ainsi? s'écria la sainte mère, avec la rudesse de langage qui lui était familière sitôt qu'il s'agissait de défendre son œuvre. Il y a bien des gens, cependant, qui ne font que souhaiter sa perte ; et je ne crois pas me tromper en avançant que, jusqu'auprès du comte Charles lui-même, ils ne se sont pas privés de nouer leurs intrigues, dans l'espoir de le voir étendre aux pauvres béguines de Roubaud l'inimitié qu'il professe pour les Frères Mineurs avec qui elles sont unies par tant de liens et de si étroits...

— En êtes-vous certaine, ma mère?

— Oui, certaine, aussi certaine que de ma présence ici.

— Baissez la voix, ma mère, je vous en supplie ; le comte pourrait vous entendre.

— Je le voudrais bien!

La comtesse eut beaucoup de peine à la radoucir. Le comte Charles avait une nature violente et que toute résistance à sa volonté rendait irréductible ; et c'était en même temps le meilleur prince et de qui il était le plus facile d'obtenir

ce que l'on souhaitait, pourvu que l'on le prît
par la douceur et le raisonnement. Elle en appel-
lerait à son cœur, et elle ne doutait point, si la
sainte mère voulait bien la laisser faire, de réussir
à détruire les préventions dont elle l'accusait
envers les Frères Mineurs.

— Fiez-vous à moi, ma mère, et vous aurez
tout lieu de vous en réjouir.

Douceline était désarmée par la grâce affectueuse que lui témoignait la comtesse.

— Je m'engage, madame, dit-elle, à suivre vos
conseils et je remets entre vos mains l'avenir de
mes filles bien-aimées.

Et comme la comtesse s'était levée, non sans
peine, d'ailleurs, pour rentrer à l'hôtel, Douceline
lui offrit le bras afin de l'aider dans sa marche.
Les dames et les pages suivaient, le comte Charles
du haut des degrés les regardait venir, et c'était
une chose touchante que la présence, parmi
toutes ces personnes illustres et somptueusement
vêtues, de la sainte femme dans ses humbles
habits de laine et de toile, devant qui chacun
courbait le front, et qui était, de par la puissance
de l'esprit et de la vertu, la véritable souveraine
de cette assemblée glorieuse.

***

Dès le lendemain de son arrivée à la cour du comte de Provence, Douceline avait conquis tout le monde, depuis la dernière des servantes jusqu'aux plus orgueilleux seigneurs. Elle savait l'art de parler à tous, de plaire à tous ; non qu'elle fît jamais le moindre effort pour mettre en lumière les qualités de son esprit et de son cœur et accorder son langage à la condition des personnes avec qui elle se trouvait en rapport, mais tout naturellement, par une espèce d'instinct, assez fréquent chez les gens du Midi, de s'adapter aux circonstances avec finesse et cordialité. La comtesse Béatrix ne tarissait pas de chanter ses louanges.

Sitôt réveillée, elle avait fait prier la sainte mère de passer chez elle, désireuse de lui présenter ses enfants. Elle les trouva vêtus de blanc, comme pour le baptême, et tenant à la main un petit cierge allumé. Ils s'agenouillèrent devant Douceline et la comtesse lui demanda de les bénir. Quand elle l'eut fait, ils se relevèrent et, l'un après l'autre, lui baisèrent respectueusement la main. Puis, la comtesse appuyée au bras de Douceline, les enfants marchant les premiers deux par deux — ils étaient cinq et le plus petit allait tout seul en avant — l'on se dirigea vers la chapelle du château.

Une compagnie nombreuse et magnifique l'emplissait. Au premier rang était assis le comte de Provence, entouré de ses chambellans, de ses écuyers, des seigneurs des environs, et des places étaient réservées à droite de l'autel pour la comtesse, ses enfants et la sainte mère. L'odeur des genêts et des roses, dont on avait placé dans le chœur des buissons, embaumait l'air.

Douceline éprouva d'abord comme une gêne de toute cette pompe où perçait bien plus le souci de dépense que l'on sent dominer dans toutes les actions des riches et grands, même et surtout lorsqu'il s'agit d'honorer Dieu, que la sincérité et la ferveur de la vraie foi, et l'envie la prit de se retirer. Mais elle eut bientôt fait de se vaincre et, fermant les yeux, de se laisser emporter par la prière loin des réalités dont le contact l'offensait. Elle avait tant besoin d'être seule avec Dieu ! Et peu à peu l'extase entra en elle : son âme commença de se détacher, si l'on peut dire, de son corps, laissant ce corps inerte et passif, pour gagner les régions de lumière et de joie où, sur leurs ailes enflammées, la ravissaient les anges. Cependant, la conscience persistait encore en elle, de l'endroit où elle se trouvait, de la curiosité qui s'attachait à sa personne ; et la pensée qu'une foule l'entourait, à qui elle servait comme de spectacle, la faisait se raidir contre le transport qui déjà l'entraînait. Pour ne point défaillir, elle se tourmentait les doigts, s'enfonçait les ongles dans les paumes sous les plis de son manteau, se mordait la langue jusqu'au sang : en vain ; mais un oiseau chanta, qui avait son nid contre le vitrail ouvert au-dessus de sa tête, et, ainsi qu'il lui était souvent arrivé, il suffit de ce chant pour qu'elle tombât tout à fait en extase.

Alors, on la vit s'élever de terre plus de la hauteur des stalles sur lesquelles la comtesse et ses enfants étaient assis et, sans toucher ni s'appuyer à rien, rester suspendue dans le vide. La comtesse, en voyant cela, manqua de s'évanouir ; les personnes qui l'approchaient, le comte Charles lui-même, nombre de seigneurs et de dames se précipitèrent dans le chœur tant pour la secourir que pour se rendre compte du miracle qui venait de se produire. Beaucoup pleuraient d'émotion ; certains poussaient des cris de joie ; tous voulaient constater de leurs yeux et de leurs mains qu'entre le pavement et les pieds de la sainte mère l'espace était libre, que vraiment il n'y avait là aucun objet pour la soutenir.

Quant au comte de Provence, il demeurait immobile, comme glacé par la vue d'un tel prodige ; quelque empire qu'il eût sur soi, surtout devant une telle assistance, l'impression qu'il en éprouvait était si forte qu'il ne parvenait point à dominer les contractions nerveuses qui lui ravageaient le visage, ni la pâleur dont il sentait ses traits se couvrir. Il avait les yeux fixes de quelqu'un qui résiste à une obsession.

Un assez long temps s'écoula ainsi. Le silence emplissait maintenant la chapelle ; un silence angoissé, terrifié où l'on n'entendait plus que le bruit de sanglots contenus et le murmure de prières sur des lèvres tremblantes.

Cependant, le comte Charles avait fait signe à un de ses chambellans et lui avait donné un ordre à voix basse, et ce dernier en l'écoutant était devenu soudain aussi pâle que son seigneur et était sorti en toute hâte. Des instants s'égrenèrent, lourds et lents, que l'attente de l'inconnu rendait plus lourds et plus lents encore. Le chambellan reparut, vint rendre compte à Charles de sa mission. Charles se contenta d'incliner la tête comme pour dire : « C'est bien. » Des instants encore, toujours plus lents et plus lourds... et les portes de la chapelle, toutes grandes ouvertes, livrèrent passage à quatre hommes amenant un petit chariot où, sur un brasier, était suspendue une marmite de plomb fondu.

Un souffle d'épouvante courut sur l'assistance ; des femmes se cachaient la tête dans les plis de leurs manteaux ; quelques seigneurs protestèrent, mais le comte, d'un regard, les rappela au respect de son autorité.

Enfin, l'épreuve commença : une fois les pieds de la sainte dépouillés de leurs sandales, on se mit à les arroser de plomb fondu. Elle ne donna pas le moindre signe de souffrance, elle ne fit pas un mouvement ; son visage rayonnait de la même ivresse surnaturelle. Un soupir de soulagement sortit de toutes les poitrines, des sanglots de joie angoissée montaient au bord de toutes les lèvres ; de tous les yeux, éblouis par l'aveuglante clarté du prodige qu'ils contemplaient, coulaient des larmes.

Ce n'était pas encore assez. Le comte donna l'ordre de soulever la marmite jusqu'à ce que les pieds de Douceline puissent tremper entièrement dans le liquide brûlant, ce qui eut lieu sans que la sainte du tout s'en aperçût.

Alors, sous les voûtes de la chapelle, une clameur délirante se déchaîna, un transport de folie qui jetait dans les bras les uns des autres ces hommes et ces femmes, leur faisait déchirer leurs vêtements. Seuls, la comtesse et le comte, serrant contre eux leurs enfants, se dominaient assez pour résister à la contagion de cette démence ; mais leur immobilité, la pâleur mortelle de leurs visages disaient suffisamment quelle émotion les étreignait.

Le calme enfin se rétablit ; le service divin continua. La sainte redescendit lentement sur la terre ; quand ses pieds atteignirent le sol, elle eut un léger soubresaut, comme lorsque l'on heurte un objet dont on se croyait plus éloigné qu'on ne l'était réellement, et ce fut tout. Son teint reprit sa couleur ordinaire, ses yeux leur doux regard habituel ; aucune trace ne demeura en elle du miracle que Dieu avait opéré sur sa personne, sinon que, lorsqu'elle dut se mettre en marche pour quitter la chapelle, elle eut beaucoup de peine à se tenir debout, tant étaient grandes les souffrances de ses pieds. Le comte et la comtesse lui offrirent donc de la faire transporter dans sa chambre, mais elle s'y refusa, et, domp-

tant sa douleur, voulut encore que ce fut la comtesse qui, dit-elle, « avait plus besoin qu'elle de se
ménager », qui s'appuyât sur son bras. Et de la voir
si forte et si modeste, si bonne et si prévenante,
elle que Dieu avait jugée digne d'être l'instru-
ment de sa toute-puissance, chacun se sentait
émerveillé et attendri.

Le comte et la comtesse de Provence auraient
voulu que Douceline consentît à séjourner longtemps auprès d'eux, mais elle ne leur céda point.
Tout ce qu'ils purent obtenir d'elle, c'est qu'elle
eur fît la faveur de tenir sur les fonts baptismau x
l'enfant que Béatrix portait dans son sein.

Trois jours plus tard, elle quittait la cour d'Aix,
avec la promesse que le comte, loin désormais
de marquer aux Frères Mineurs la défiance dont
ils avaient eu tant à souffrir jusqu'alors, était,
au contraire, tout disposé à les recevoir dans ses
bonnes grâces : ce que ni le pouvoir ni la sagesse
des hommes les plus éminents n'avaient pu
obtenir de lui, la simplicité de sainte Douceline
l'avait obtenu.

Le soir de son retour à Roubaud, le béguinage fut en fête. Avec quelle tendresse ses filles l'entouraient! Comme des enfants accueillent leur mère qui revient d'un long voyage, elles la pressaient de questions :

— La route ne vous a-t-elle point trop fatiguée, ma mère?

— N'avez-vous pas eu froid, ma mère?

Ou bien :

— Il nous tardait tant de vous revoir!

— Nous étions si tristes sans vous!

— Combien vous nous avez manqué!

Assise au milieu d'elles, elle les caressait de la main, et d'une voix pleine de pleurs :

— Merci, merci, mes chères filles, merci; que vos paroles sont douces à mon cœur!

Puis, s'adressant à la prieure :

— Eh bien! madame Philippine, tout s'est-il bien passé ici pendant mon absence? N'est-il survenu rien de mal à personne?

— A personne de nous, ma sainte mère ; mais le petit garçon de Gombert est malade depuis ce matin.

— Que ne me l'a-t-on dit plus tôt? J'irai de suite le soigner.

Et toute lasse qu'elle fût, elle ne voulut rien

entendre et bien que la pluie se fût mise à tomber, une de ces pluies torrentielles comme on n'en voit que dans le Midi, qui, en quelques minutes, défoncent les routes, saccagent et dévastent tout, et bien que Gombert habitât fort loin de là, à l'autre extrémité de la ville, elle partit aussitôt, seule, parmi la trombe d'eau, le vent et les éclairs.

VIII

Un terrible malheur atteignit alors Douceline. Le saint père Hugues, son frère selon la chair et son père spirituel, fut rappelé par Dieu. Elle en ressentit un très grand chagrin. Il avait été son guide et son conseiller ; et c'est grâce aux lumières et aux encouragements qu'il lui avait prodigués qu'elle avait créé et maintenu prospère, parmi tant de traverses, l'institut de Roubaud. Il était aussi le lien qui rattachait les béguines aux Frères Mineurs ; aux yeux de Douceline et de ses filles, il semblait qu'autour de sa personne flottât un peu de la lumière dont était environné le *poverello* d'Assise. Par son intermédiaire, une sorte de contact spirituel s'était établi entre ces humbles femmes de Provence et leurs sœurs d'Italie qui, là-bas, au penchant des coteaux ombriens, avaient suivi sainte Claire dans le petit couvent de Saint-Damien.

Que de fois le frère Hugues, durant ses visites au béguinage, leur avait parlé des deux filles de Favorino de Scifi, comte de Sasso-Rosso, Claire et Agnès, qui, « par amour pour le très saint et très cher enfant enveloppé de pauvres langes et couché dans la crèche », avaient quitté la riche maison de leurs parents, et, disant adieu à toutes les vanités de la terre, avaient échangé leurs robes éclatantes, leurs bijoux et leurs brodequins de soie pour le sarrot de laine, la corde à nœuds, les sandales de bois des Franciscaines ! « La petite plante du bienheureux père François », comme aimait Claire à s'appeler, s'était flétrie deux ans avant. Et le frère Hugues, lors de son dernier passage à Marseille, leur avait raconté sa mort, et les visions qu'elle avait eues au moment de rendre le dernier soupir. Il l'avait montrée malade pendant tant de mois, ne quittant plus le pauvre sac de paille sur lequel, depuis plus de quarante ans, elle ne dormait que quelques heures par nuit ; il avait raconté l'arrivée dans la chambre étroite et basse de ses amis de la Portioncule, le frère

Léon, le frère Ange et le frère Genièvre qu'elle avait fait prier de venir l'assister à ses moments suprêmes, et les paroles que la sainte avait prononcées :

— Va sans crainte, avait-elle dit, car tu as un bon guide pour ta route! Va sans crainte, car celui qui t'a créée t'a aussi consacrée, et il a toujours veillé sur toi, et t'a aimée tendrement, comme une mère aime son enfant! O Seigneur, je te remercie et te loue de la grâce que tu as daigné me faire en me laissant naître! »

Et quelqu'un lui ayant demandé :

— Avec qui t'entretiens-tu ainsi?

— Avec mon âme, avait répondu Claire.

Et son âme s'était envolée vers le royaume de la lumière qui ne s'éteint pas.

Plus que ses souvenirs personnels, plus que la tendresse toute personnelle que le saint père Hugues lui avait toujours témoignée, l'évocation de ces heures bénies avivait la douleur de Douceline, laquelle s'augmentait encore de l'ignorance où elle se trouvait touchant les circonstances qui avaient entouré la mort de son frère. A vrai dire, elle n'avait rien su de lui depuis le court séjour qu'il avait fait, un an plus tôt, à Marseille en revenant d'Hyères où il avait prêché devant le roi de

France à peine débarqué de la Croisade. Elle avait appris, non par lui (car, malgré l'exubérance et la franchise de sa parole, il avait toujours montré la plus grande réserve en tout ce qui le concernait lui-même) mais par un frère mineur qui l'accompagnait, que le roi avait été fort impressionné par le langage qu'il lui avait tenu, dans son sermon sur les gens de religion, n'ayant pas craint de proclamer qu'il les voyait en plus grand nombre qu'il ne fallait en sa cour et en sa compagnie, « car les Saintes Écritures nous disent que les moines ne peuvent vivre hors de leur cloître sans péché mortel, ni que les poissons ne peuvent vivre sans eau. Et si les religieux qui sont avec le roi disent que c'est là leurs cloîtres, je leur répondrai que je n'en vis jamais de plus vastes, car ils s'étendent par deçà et par delà la mer. Et s'ils disent qu'en ces cloîtres l'on peut mener la dure et âpre vie qu'il faut pour sauver son âme, je leur répondrai que je ne les crois pas, car je vous confesserai que j'ai mangé avec eux grande foison de plats de viande et bu de bons vins forts et clairs, et je suis bien certain que s'ils avaient été dans leurs cloîtres, ils ne seraient tant à leurs aises qu'ils sont en la compagnie du roi », et bien d'autres choses dont le bon roi Louis fut si touché qu'à deux reprises il demanda lui-même au frère Hugues de ne le point quitter et de demeurer avec lui : ce que le saint père avait refusé avec indignation, déclarant au sire de Joinville qu'il « irait en tel lieu où Dieu l'aimerait mieux qu'il ne ferait en la compagnie du roi ».

IX

Cependant, Notre-Dame n'abandonnait pas sa fidèle servante dans la grande affliction que Dieu lui avait envoyée. Douceline s'était aussitôt tournée vers elle comme vers son refuge naturel et la Mère de grâce avait exaucé ses prières. Elle lui était apparue et l'avait non seulement consolée mais réconfortée, lui promettant de la diriger et de prendre soin d'elle et de ses filles dont la sainte femme était fort préoccupée ; car, à ce moment, bien des personnes cherchaient à détruire ce qu'avec l'aide du frère Hugues elle avait fondé et l'avenir de l'ordre des béguines se trouvait gravement menacé.

Dieu lui envoya alors un saint frère mineur, le frère Jean Borelli de Parme, illustre par sa science et par sa sainteté, qui était alors ministre général des Franciscains. Il avait été appelé en 1248 au gouvernement de l'ordre.

C'était un homme au visage angélique, gracieux et toujours riant, plutôt petit de taille, vif de démarche et plein de charme. Il était doué d'une rare éloquence, mais n'en faisait usage que du haut de la chaire, quand il prêchait la parole divine ; le reste du temps, il parlait peu. Nul mieux que lui, cependant, ne savait consoler les affligés, rassurer les inquiets, réchauffer les faibles, enseigner avec gaîté et familiarité les simples. Il n'avait rien d'un ambitieux ni d'un sectaire. Aussi son élection avait-elle été accueillie avec des transports d'allégresse par les fidèles du Franciscanisme primitif, ceux qui avaient vécu dans l'intimité du « petit pauvre », ceux qui étaient les dépositaires de sa pensée et de son exemple, ceux qui avaient dormi le plus près de son cœur : le frère Égide que saint François, chez qui se conserva jusqu'au dernier jour l'amour qu'il avait eu dans sa jeunesse pour les chansons de geste et les romans de chevalerie, aimait à appeler son « chevalier de la Table Ronde », le frère Léon et le frère Ange que le saint avait voulu avoir auprès de lui durant ses

derniers jours pour lui chanter les louanges de
« notre sœur la mort », le frère Masseo que, pour
son intelligence et son éloquence naturelle, François s'était gardé d'oublier quand il traça le por-
trait du Frère Mineur idéal.

Oui, de quels élans de joie, ces hommes, en qui
vivait intacte l'image du porte-étendard de Jésus-
Christ, avaient salué la venue de Jean de Parme !
C'était pour eux comme une délivrance. L'âme
de saint François ressuscitait en lui, que ses pré-
décesseurs dans le gouvernement de l'ordre,
Élie de Cortone et Crescentius, avaient mise au
sépulcre. Piétinant les enseignements évangéli-
ques du *poverello*, Élie avait vécu comme un
prince, dans la richesse et le faste, et Crescentius
avait montré la même cupidité que lui, le même
dédain des humbles couvents où la Sainte Pauvreté
régnait en souveraine et de ces frères au cœur
simple qui croyaient encore que le pain obtenu
par mendicité était, selon la parole de saint François, « le pain des anges », et il n'avait pas hésité à
les accuser ouvertement devant le Pape comme « su-
perstitieux, superbes, turbulents, indociles ». Jean
de Parme, au contraire, incarnait dans toute sa pureté, comme dans toute sa vertu, l'idéal franciscain.

On peut donc imaginer comment fut fêtée son arrivée au béguinage, et avec quelle confiance Douceline s'ouvrit à lui sur le passé de son institut, les difficultés auxquelles il se trouvait en butte, les projets qu'elle avait formés pour assurer son avenir. Mme Philippine de Porcellet assistait à ces entretiens. Comme Douceline, elle ne pouvait se lasser d'admirer la finesse d'esprit en même temps que la droiture de caractère du frère Jean, sans parler de l'exaltation où les transportaient la ferveur et la profondeur de sa parole lorsque, ayant achevé de leur fournir toutes les lumières dont elles avaient besoin touchant les affaires temporelles de l'ordre, il envisageait sa destinée et son rôle spirituels.

La visite de Jean de Parme rendit à la sainte mère tout son courage et l'emplit d'une si ferme assurance que, depuis lors, quelque épreuve qui lui arrivât, elle n'en fut jamais plus ébranlée.

— Restez fidèle, ma chère fille, avait dit le saint homme en prenant congé d'elle, restez fidèle à l'œuvre que vous avez entreprise; ne vous écartez point de l'état où Dieu vous a placée, et soyez certaine que c'est lui qui vous y a mise et qu'il approuve la manière dont vous vous y conduisez.

Et la tranquillité habita de nouveau le cœur de Douceline.

X

C'est, me semble-t-il, l'un des traits les plus charmants de la vie de sainte Douceline, que l'intimité dont l'honora Notre-Dame. On peut dire qu'il ne se passait pas de jour que la Reine des anges, d'une façon ou d'une autre, ne lui donnât quelque marque de la tendresse vigilante qu'elle lui avait vouée, ainsi qu'à son œuvre.

Elle participait à la vie des béguines, assistait à leurs récréations et à leurs travaux ; l'atmosphère de fraîche ingénuité, de soumission enjouée, d'affectueuse sympathie, de calme bonheur que l'on respirait, sitôt franchi le seuil de la blanche maison, c'était sa présence qui la créait, et qui eût connu le secret des heures où elle s'en absentait se fût aisément rendu compte que la lumière y devenait aussitôt moins brillante et l'air moins doux à respirer.

Mais elle réservait à Douceline ses plus précieuses faveurs ; elle l'informait de son arrivée et de son départ et, tout le temps qu'elle était là, demeurait à ses côtés. Elle l'aidait dans les besognes domestiques auxquelles la sainte mère ne cessa jamais de s'astreindre, si absorbée qu'elle fût par d'autres soins ; elle rendait plus légers les fardeaux qu'il lui arrivait d'avoir à transporter, plus facile et plus brève la tâche qu'elle s'était volontairement imposée.

C'est ainsi qu'un jour Notre-Dame, la voyant occupée à étendre la lessive du couvent, accourut la secourir. Comme il faisait grand vent, les pièces de linge, à peine posées sur le sol, s'envolaient ; il était donc nécessaire de les maintenir aux quatre angles par de grosses pierres ; ce qui n'était point si aisé, d'autant moins que l'on était dans le temps de la canicule et que la frondaison des oliviers ne fournit jamais une ombre assez dense pour intercepter les rayons du soleil pendant ces jours torrides.

Notre-Dame intervint. Douceline, d'abord, fut toute surprise de voir comme soudain ses efforts se trouvèrent soulagés, mais elle avait une telle habitude d'accepter, sans en chercher la raison ni la cause, les faits dont elle était témoin, quelque prodigieux qu'ils pussent être, qu'elle n'y attacha point d'importance ; mais après qu'à plusieurs reprises, elle eût vu s'étendre à terre, malgré le vent, comme d'elles-mêmes, et sans qu'elle eût, pour ainsi dire, à intervenir, les plus larges toiles, et y rester immobiles en attendant qu'elle eût apporté les pierres destinées à les empêcher de s'envoler ; après qu'elle eût, à plusieurs reprises, constaté que ces pierres qui tout à l'heure lui semblaient si lourdes, elle les soulevait maintenant sans fatigue, elle ne douta point qu'une fois encore Notre-Dame lui prêtait son aide ; et, se jetant à genoux, elle lui rendit grâces dans le fond de son âme par un acte de ferveur et d'amour. Mais la Vierge la releva :

— Ne perdons pas de temps, Douceline ; voici que le soir approche.

Le travail achevé, elle s'en alla.

Jamais lessive ne fut plus blanche ni ne répandit plus agréable odeur : au parfum du thym et de la lavande dont le linge en Provence est toujours embaumé se mêlait, bien que la floraison en fût passée, le parfum des lys qui sont les fleurs de prédilection de Notre-Dame.

Elle était un jour en extase dans l'église des Frères Mineurs. C'était le soir d'une grande fête et le sermon venait de s'achever. Il ne restait plus sous les voûtes où flottaient encore, parmi l'ombre descendante, les derniers nuages de l'encens et les échos mourants des derniers cantiques, que quelques personnes, dont deux ou trois béguines et un noble chevalier, nommé Jacques Vivaud qui était le seigneur du château de Cuges, avec son fils et sa femme, que l'on appelait Mme Sanche. Comme ils allaient se retirer, celle-ci, qui venait de l'apprendre d'une des filles de la sainte mère, dit à voix basse à son mari que Douceline se trouvait en extase depuis le matin dans la chapelle de Sainte-Cécile et, sachant quelle vénération il professait pour elle, lui demanda s'il ne désirait point la voir en cet état. Il y consentit avec joie.

Devant l'autel, ils l'aperçurent élevée en l'air et y demeurant suspendue par l'effet de la merveilleuse attraction qui la portait vers Dieu. Elle ne touchait à rien et ne s'appuyait nulle part, et elle se tenait si haut au-dessus de terre que, s'agenouillant et abaissant leurs chaperons, le noble seigneur et son fils purent baiser la plante de ses pieds. Ce qu'à peine sortis et encore sous le coup de l'émotion qu'ils en avaient éprouvée, ils racontèrent à leurs amis, avec une entière assurance et tous les détails propres à montrer qu'ils n'avaient point été victimes d'une illusion ; loin de là !

Quelques jours plus tard, pareille chose eut lieu. Un citoyen de Marseille, appelé Raymond du Puy, homme de grande dévotion, qui était entré dire ses prières dans le petit oratoire, surprit la sainte mère dans la même position où l'avaient vue Jacques Vivaud et sa famille. Il mesura avec la main l'espace qui la séparait du sol et trouva qu'il était haut de plus d'un pan. Or, cet homme souffrait depuis longtemps de terribles douleurs de tête et avait, en outre, à l'œil gauche, une fistule que les médecins considéraient comme inguérissable ; et il eut l'idée de mettre sa tête sous les pieds de la sainte, de telle façon que son œil malade fût en contact avec le talon. Il resta ainsi quelques instants, immobile, le cœur brûlant de prières et de foi. Quand il se releva, il était guéri : la fistule qui lui trouait l'œil s'était bouchée et séchée et le bandeau de métal rougi au feu qui lui serrait le crâne avait disparu.

Quant à la véracité de ces extases, elle ne fut pas seulement attestée par nombre de personnes

dignes de créance mais prouvée, et d'assez cruelle
et barbare manière ; car il y aura toujours des
gens qui,. sitôt que quelque chose dépasse leur
entendement, auront besoin, pour y croire, d'enfoncer leurs doigts dans les plaies sacrées du Sauveur ou de briser à coups de marteau les statues
de marbre des dieux afin de voir ce qu'elles ont
à la place du cœur, tels ces critiques qui, inacces-
sibles qu'ils sont aux beautés voilées d'un poème,
en arrachent une à une les images et les portent
sur la table de dissection.

Ainsi, les pieux citoyens de Marseille, en bons
commerçants à qui l'on n'en fait point accroire
et pour qui la suprême humiliation est d'être
dupés, enfonçaient des pointes de fer et piquaient
des aiguilles dans le corps de la sainte femme,
sans d'ailleurs qu'elle en sentît rien. Après quoi
ils s'en allaient à leurs trafics, satisfaits, ne se
doutant pas qu'une fois descendue de son extase,
elle souffrait affreusement des blessures qu'ils
lui avaient faites ; et quand bien même ils s'en
seraient douté, ce n'est sans doute point ce qui
les aurait empêchés de recommencer leurs expé-
riences. Elle, loin de se plaindre de ces souffrances, les bénissait au contraire, puisqu'elles
venaient de Dieu et servaient à manifester le

souverain pouvoir qui est le sien, de rompre, selon son plaisir, l'enchaînement des lois naturelles.

XI

Il y avait dans la ville de Marseille une pauvre veuve que l'on appelait Mathiève. Son mari mort dans un naufrage, elle avait été recueillie par une de ses tantes qui habitait à peu de distance du béguinage.

Mathiève avait un fils âgé de quatre ans, au moment où son père mourut. Il était sourd et muet depuis sa naissance, bossu de la poitrine et du dos, tout ramassé sur lui-même. Il n'avait jamais pu marcher ; les doigts de ses pieds étaient réunis ensemble, ceux de ses mains repliés en crochet vers les paumes, et plusieurs de ses os si disloqués qu'ils sortaient de leur place naturelle. Ce n'est pas tout encore : une épouvantable maladie lui rongeait la tête, avait creusé à sa nuque des trous si profonds qu'on y pouvait enfoncer les doigts jusqu'à la dernière phalange. Enfin, une de ses oreilles, dévorée par un chancre affreux, lui pendait sur la joue, prête à tomber, et son cou n'était plus qu'une plaie. Le pauvre enfant était pour tous un objet de dégoût et d'horreur, de sorte que Mathiève en était arrivée à supplier Dieu de l'appeler à lui ; mais ses prières étaient vaines : Dieu se refusait à l'exaucer.

Or, une nuit, elle eut une révélation ; elle entendit une voix qui lui disait :

— Femme, prends ton enfant et porte-le à Roubaud ; fais-le toucher à Douceline, et il sera guéri par la vertu de Dieu.

Le lendemain matin, elle prit son fils entre ses bras et s'en vint sonner à la porte du béguinage.

Douceline justement allait sortir, mais quand Mathiève lui eut exposé sa douleur, quand elle lui eut montré les plaies de son enfant, la sainte mère fondit en larmes et rebroussa chemin.

— Le Seigneur est puissant, dit-elle, et peut faire tout ce qui lui plaît ; rien de plus facile à Dieu que de guérir cet enfant, si sa bonté le veut.

Alors elle commença à promener ses mains par tous les endroits de la tête où se trouvait le mal. Et l'enfant, à qui le moindre attouchement arrachait, quelques instants avant, des cris de souffrance, se mit à sourire : ce que personne ne lui avait encore vu faire depuis qu'il était au monde ; et les plaies, de purulentes qu'elles étaient, devinrent roses, comme si elles étaient déjà en voie de guérison, et la puanteur qui s'en dégageait cessa aussitôt.

Mathiève se refusait à en croire ses yeux ; elle était émerveillée, délirante de joie ; elle eût voulu crier, mais elle sut se contraindre. L'œuvre de miracle entreprise par la sainte mère était, d'ailleurs, à peine commencée. Elle avait pris maintenant entre ses mains les pieds et les mains de l'enfant ; elle les y garda quelque temps serrés, pleine de compassion à la vue de ces pauvres membres informes. Et voici que les doigts des pieds remuèrent chacun l'un après l'autre, et que les doigts des mains se déplièrent.

Alors la mère lui montra la bouche qui jusqu'à ce jour n'avait jamais articulé une seule parole et que l'enfant ne pouvait même ouvrir. Et la sainte dit au fils de Mathiève :

— Ouvre la bouche, mon petit enfant.

Mais celui-ci n'entendant rien, la sainte répéta :

— Au nom de Jésus-Christ, ouvre la bouche, mon enfant.

Et il ouvrit la bouche toute grande, mais aucune parole n'en sortit.

Alors la pauvre mère sentit son cœur se glacer

et le désespoir l'envahir. Des flots de larmes jaillirent de ses yeux.

— Ne pleurez pas, Mathiève ; il n'en coûtera rien au Seigneur de tout achever, si cela lui plaît. Ramenez votre fils à la maison.

Quand elle fut arrivée chez elle, elle replaça l'enfant à l'endroit où elle le tenait d'ordinaire attaché et enveloppé, et, de tout le jour, ne sut faire autre chose que pleurer et prier. Or, comme elle s'était levée de sa chaise pour aller au-devant de sa tante qui revenait de cueillir des fruits à son verger, voilà que l'enfant descendit de son berceau, courut à elle et, la tirant par sa robe, lui cria joyeusement :

— Mère ! Mère ! me voici !

— Non, non, ce n'est pas toi, mon fils, non, ce n'est pas possible ! Tu n'es pas mon Pellegrin !

Et elle pleurait et riait en même temps, avec de gros sanglots et de grands éclats de rire, si bien que sa tante la crut devenue folle.

— Mais si, ma mère, je suis votre petit Pellegrin et je ne souffre plus, car la sainte dame m'a guéri. Allons vite la remercier.

Cependant la maison s'était emplie de monde ; chacun voulait voir et toucher l'enfant, constater des yeux et des mains le miracle.

La mère alors le prit sur ses genoux et l'examina. Toutes ses plaies étaient guéries ; à la place des trous pleins de pourriture et de vers grouillants qu'il avait dans la tête, elle apercevait de belle chair rose et fraîche, et quant à la pauvre petite oreille qui ne tenait plus au crâne que par un fil, Mathiève s'assura avec stupéfaction non seulement qu'elle était remise à sa vraie place, mais qu'elle était aussi solide et aussi forte que si jamais il n'y avait eu aucun mal.

— Voyez, voyez, s'écriait-elle, il est guéri ! Dieu l'a sauvé ! Voyez ses mains, voyez ses pieds... vous vous les rappelez, comme ils étaient tordus et noués... Et tous ces os qui lui trouaient la peau ! Plus rien, il n'a plus rien... Est-ce possible ? Il est guéri. Ah ! mon petit Pellegrin, mon petit, mon petit...

Et elle le serrait contre elle à l'étouffer.

Lui disait simplement :

— Mère, mère, c'est moi...

Alors, le père de Mathiève qu'elle avait envoyé chercher, émerveillé de ce spectacle, engagea sa fille à prendre l'enfant avec elle et à le conduire au béguinage, afin que la sainte mère voie par elle-même ce qu'il en était et lui donne sa bénédiction.

— C'est bien pensé, mon père, dit Mathiève. Allons.

Les voisins et les voisines qui se trouvaient là se joignirent à elle.

Mais Mme Philippine leur refusa l'entrée de Roubaud.

— Gardez-vous bien surtout, dit-elle, de répandre autour de vous le bruit de ce miracle. Madame Douceline en serait attristée; vous savez combien elle aime peu qu'on l'honore elle-même et comme elle est indifférente à l'estime des hommes. Venez donc, vous seule, auprès d'elle, ma bonne Mathiève, elle sera heureuse de voir que Dieu a exaucé ses prières et redonné la santé à votre enfant.

Et elle la conduisit auprès de Douceline. La sainte mère était assise, attendant que la cloche sonnât pour le repas du soir, avec deux des plus jeunes béguines, dans la cour intérieure du béguinage. Sitôt qu'elle aperçut Mathiève, elle se leva et vint au-devant d'elle.

— Eh bien! Mathiève, et votre enfant?

L'enfant s'était jeté dans les bras de la sainte.

— Vous le voyez, ma sainte mère, il est guéri.

— Il est guéri! Il est guéri! répétait Douceline. Rendons-en grâce à Dieu et à saint François.

Et serrant Pellegrin contre elle, la sainte se mit à genoux, et levant vers le ciel ses yeux où brillaient des larmes de joie, elle demeura quelque temps toute transportée en Dieu.

Mais le pouvoir miraculeux dont Douceline était douée, elle ne l'exerçait pas seulement en faveur des créatures humaines. Comme François d'Assise, elle aimait tout ce qui existe sur la terre, les fleurs, les arbres et les bêtes.

Un jour, durant les premiers temps de son séjour à Marseille, un fort digne homme nommé Fouque de Ramatuelle et qui était notaire en cette ville, s'en vint frapper à la porte du béguinage.

— Je voudrais, demanda-t-il à la portière, je voudrais voir la sainte mère Douceline. Ne pourriz-vous l'aller chercher ?

— Elle doit être en oraison ; mais entrez ici, vous l'attendrez.

— C'est que je ne le puis, répondit Fouque. J'amène avec moi mon cheval. Il va mourir ; écoutez comme il souffle fort. Là, Vaillantif, là, bonne bête, là, un peu de patience. Ah ! si la sainte mère voulait le voir, quelque chose me dit qu'elle le guérirait. De grâce, ma sœur, priez-la de venir.

La portière partie, le pauvre cheval se mit à trembler de tous ses membres, en faisant un bruit affreux avec ses mâchoires. Il était si faible qu'à plusieurs reprises, Fouque qui, par bonheur, était de grande taille et vigoureux, dut le soutenir par-dessous le ventre pour l'empêcher de tomber ; tout en disant, avec des larmes dans la voix :

— Allons, Vaillantif, courage ! N'es-tu donc plus la fière bête qui portait si dignement ce nom ? Ah ! Vaillantif, si le preux Roland te voyait, que dirait-il de toi ? Là... là... voici la sainte mère. Ma sainte mère, ma bonne mère, ayez pitié de moi, ayez pitié de lui. Si vous saviez ! jamais il n'a failli à nul de ses devoirs, il a toujours été docile et doux. Il promenait sur son dos mes enfants quand ils étaient petits et m'a mené à bien des pèlerinages, aux Saintes-Maries-de-la-Mer par exemple, et à la Sainte-Baume... Et mes enfants sont morts... et ma pauvre femme qui l'aimait tant est morte aussi. Dieu m'a tout pris. Ah ! sauvez Vaillantif, ma mère, sauvez-le. Oui, c'est cela, touchez-le de vos saintes mains.

Alors, la sainte se laissa attendrir. Elle s'approcha de la bête, puis, ayant posé sa main droite sur le garot décharné, par trois fois, elle leva lentement les yeux au ciel et les abaissa. A la troisième fois, un grand frisson traversa tout le corps de l'animal, il remua les oreilles et la queue, ses naseaux se dilatèrent ; la vie rentrait en lui. Il piaffa et hennit joyeusement. Vaillantif était sauvé !

Il arriva une autre fois qu'examinant la caisse à farine du couvent, la sainte mère la trouva presque vide, et en fut fort surprise.

— Voilà qu'il n'y a plus de farine, dit-elle.

— Comment donc ferons-nous demain, ma bonne mère? demanda la béguine qui cuisait le pain.

— Dieu y pourvoira, répondit Douceline.

Et elle se retira dans sa chambre.

Le lendemain, au petit jour, quand la béguine qui cuisait le pain souleva le couvercle de la caisse à farine, elle aperçut que la caisse, au lieu d'être vide, était pleine. Elle ne voulut pas en croire ses yeux.

— Venez vite, mes sœurs, venez, cria-t-elle à

deux de ses compagnes qui traversaient la cour du béguinage, venez!

Et elle leur conta ce qui s'était passé.

— Il faut le rapporter à notre sainte mère, dit l'une d'elles.

— Oui, il le faut.

— Allons.

Elles allèrent.

Douceline ne manifesta aucun étonnement. Elle leur recommanda seulement de n'en rien révéler à personne.

— Contentez-vous, mes filles, de remercier Dieu, qui a bien voulu que nous ne manquions pas de notre pain de chaque jour.

XII

Une après-midi de printemps que Douceline était occupée à surveiller dans le potager du béguinage les plantations nouvelles, la portière vint la prévenir qu'un noble voyageur demandait à la voir.

— De quel pays est-il?

— Je ne sais pas, ma mère ; d'Italie, je crois.

Il a parlé qu'il arrivait de Perugia... ou quelque chose dans ce genre... ou d'ailleurs ; ma foi, je ne sais plus, j'ai la mémoire si courte...

— Et son nom ?

— Son nom, je ne l'ai pas retenu davantage.

— C'est bien, allez, ma chère fille ; je vous suis.

La portière avait fait entrer le visiteur dans une sorte de préau que fermait d'un côté un large couloir à arcades réunissant au couvent proprement dit le logement qu'elle occupait et l'infirmerie des étrangers par une porte grillée à barreaux épais, toujours close. Juste en face de cette porte, dans la salle où elle donnait accès, était percée une autre porte également grillée qui ouvrait sur le jardin du béguinage.

— Notre mère a dit qu'elle me suivait, seigneur.

— Merci, ma sœur, merci ; la voici déjà.

En effet, à travers les barreaux des deux portes, de très loin, là-bas, du bout de l'allée inondée de soleil, il voyait s'avancer Douceline. Comme elle marchait lentement, de cette démarche un peu majestueuse qu'elle avait toujours eue, comme il fallut en outre qu'elle ouvrît à la clef la première grille, puis qu'elle traversât la salle d'entrée, enfin qu'elle ouvrît, toujours à la clef, la seconde porte, il eut le temps de la contempler à son aise, sans qu'elle ait-pu l'apercevoir. C'était bien elle, oui, c'était bien elle... Et son cœur se mit à battre à coups précipités, et il se reprochait d'être venu, d'avoir franchi le seuil de la sainte maison. Pourquoi l'avait-il fait? Quelle force étrange l'avait poussé à le faire? A quoi bon, d'ailleurs? Mais il était trop tard pour reculer : Douceline était devant lui.

Il la salua profondément :

— Pardonnez-moi, ma mère, dit-il, d'une voix qu'il s'efforçait vainement d'affermir, pardonnez-moi... mais je n'aurais voulu pour rien au monde passer par Marseille, où je ne suis arrivé que d'hier et que je dois quitter demain, sans avoir le bonheur... je veux dire l'honneur, le grand honneur de vous présenter mes saluts. J'ai contracté aussi, vis-à-vis de vous, ma mère, une telle dette de reconnaissance!.. enfin... ne me reconnaissez-vous pas?

Elle leva vers lui ses yeux qu'elle avait tenus jusqu'alors pudiquement baissés — comme elle avait coutume de le faire chaque fois qu'elle se trouvait en présence d'autres personnes que ses filles — le dévisagea longuement de ses regards si limpides que l'on avait de la peine à en découvrir la couleur, et dit en remuant un peu la tête de gauche à droite, puis de droite à gauche :

— Non, seigneur, non, je ne vous reconnais pas.

Il fut sur le point de répondre :

— Eh bien! alors, qu'importe? je n'ai plus qu'à me retirer.

Mais elle avait demandé :

— Qui êtes-vous?

Alors il rappela le soir d'automne où Bérenguier l'avait ramassé mourant sur la grand'route d'Hyères, il y avait des années et des années de cela, l'avait pris sur son cheval et l'avait conduit chez lui, les soins si dévoués, si attentifs qu'elle lui avait donnés, les longues journées qu'il avait passées entre la vie et la mort dans la petite maison d'où, des fenêtres de sa chambre, il voyait luire la mer bleue entre les amandiers en fleurs...

Elle disait simplement :

— Oui, oui, je me souviens... je me souviens. Vous nous racontiez vos rencontres avec notre bienheureux frère François... je me souviens.

Et il lui sembla qu'elle rougissait un peu et que ses regards tout à coup étaient devenus moins limpides. Alors, il cessa de la regarder, détourna légèrement la tête et dit :

— C'est vous qui m'avez arraché à la mort. Comment aurais-je pu l'oublier ?

— Ce n'est pas moi, répondit-elle aussitôt, mais Dieu qui est le souverain maître de toutes les destinées. Mais, si mes souvenirs ne sont pas infidèles, n'étiez-vous pas en route vers Paris où vous vous rendiez pour terminer vos études de théologie, lorsque vous fûtes blessé si grièvement ?

— En effet.

— Et depuis ?

— Mon père mourut peu de temps après mon retour à Castiglione del Lago. Alors, mes projets changèrent...

— Ah! Vous vous êtes sans doute marié, vous avez fondé une famille ?

— Non, je m'étais juré à moi-même de ne jamais me marier.

Elle parut ne pas avoir entendu les paroles qu'il venait de prononcer ; peut-être ne les entendit-elle pas : il les avait à peine murmurées. Une angoisse affreuse l'étreignait à la gorge ; il se sentait le cœur gros de larmes. Ils se taisaient tous deux, debout, l'un en face de l'autre, les yeux baissés. Enfin, après un long soupir, il osa de nouveau la regarder et dit :

— Pardonnez-moi, ma sœur, de ne pas vous avoir oubliée.

Elle releva, elle aussi, les paupières et le fixa d'un regard si clair, si candide, si céleste, qu'il tomba à ses genoux, éclatant en sanglots.

— Vous pardonner ? au contraire, dit-elle d'une voix qui n'avait rien d'humain, au contraire, je vous en remercie de tout mon cœur. Je prierai désormais pour vous dans toutes mes prières, car je sais que plus qu'un autre vous avez besoin de l'aide et de la pitié de Dieu. Allez en paix, mon frère, allez.

Et il entendit le bruit de la clef dans la serrure de la grille et quand il se redressa, il la vit là-bas, lentement, du même pas tranquille, qu'elle avait eu en venant tout à l'heure vers lui, s'éloigner, là-bas, loin, toute petite, à travers les barreaux de fer, entre les arbres, inondés de lumière, du jardin clos...

XIII

De tous les traits qui nous sont parvenus sur la charité de la sainte, je n'en veux retenir que quelques-uns par quoi nous apprendrons comment elle pratiquait cette vertu, la reine des vertus chrétiennes. Depuis sa plus petite enfance, nous l'avons vue se dépenser à soigner les malades, à secourir les pauvres ; elle savait déjà, comme tous les prédestinés, que les pauvres sont les membres de Jésus-Christ.

— Ne pensez pas, disait-elle plus tard à ses béguines de Roubaud, que ceux que vous servez soient des hommes ; non, c'est bien la propre personne du Christ.

Toujours est-il qu'un jour, comme elle rentrait de la ville, elle aperçut, assis sur la borne angulaire d'une riche maison, un pauvre si haillonneux et couvert de tant de plaies, si minable et si douloureux qu'elle se sentit aussitôt percée au cœur comme d'un glaive de compassion. S'étant arrêtée devant lui :

— Voulez-vous me suivre, pour l'amour de Dieu ? lui dit-elle.

Il parut d'abord ne pas l'avoir entendue, puis, levant vers la sainte des regards voilés de larmes, il balbutia en sanglotant :

— Si je le veux! mais je ne le pourrai ; mes jambes ne me portent plus... je vais mourir ici tout à l'heure.

Et il laissa retomber lourdement sa tête contre sa poitrine.

Alors, se sentant forte tout à coup d'une force surnaturelle, elle si chétive et si faible, Douceline le prit sous les bras et sans s'arrêter une seule fois, d'un pas rapide, le porta jusqu'au porche du couvent. Une odeur fétide s'exhalait de cette loque humaine, mais elle y restait insensible ; une affreuse liqueur de pus humectait ses mains et son visage, mais elle n'en éprouvait aucune répugnance.

Enfin, elle arriva au terme de sa course. Aidée de ses filles, elle installa le pauvre homme dans son propre lit, puis, à genoux, commença de nettoyer les blessures et les plaies dont il était couvert, d'en extraire les vers qui y grouillaient innombrables. De temps en temps, elle regardait son visage : sur cette face décharnée, dans ces yeux vides, sur ces lèvres livides un sourire errait.

— Merci, merci, ne cessait-il de répéter.

Le soir venu, comme la règle du couvent interdisait à aucun homme d'y passer la nuit, on le transporta dans une maison voisine, dont le jardin communiquait avec celui du béguinage, et on l'y installa commodément. C'est là que trois jours durant, les dames le servirent et le soignèrent, le fournissant en abondance de tout ce qui était nécessaire à ses besoins. Mais lui se refusait à manger devant elles et exigeait que l'on déposât ce qu'on lui apportait sur l'appui d'une fenêtre qui se trouvait à la tête de son lit.

Or, la troisième nuit, les braves gens du voisinage virent avec étonnement une grande clarté qui illuminait tout le jardin, comme si l'on y eût allumé un feu de la Saint-Jean, et le lendemain, quand, à la première heure, on pénétra dans la chambre du malade, on ne l'y trouva point. Bien que l'on eût fermé à clef, comme chaque jour, la porte de la maison dont les fenêtres étaient d'ailleurs garnies de barres de fer, il s'était échappé. Toutes les recherches que l'on fit, pour savoir ce qu'il était devenu, furent vaines : le mystérieux personnage avait miraculeusement disparu. Sur l'allège de la fenêtre, à la tête du lit vide, on retrouva intacte et aussi belle et d'aussi bonne odeur que si on l'y avait mise récemment, toute la nourriture qu'on lui avait apportée, et la viande même du premier jour était aussi appétissante et aussi fraîche que celle du dernier jour. Et pendant plusieurs nuits, aux carreaux de la maison une clarté resta visible, pâle et s'affaiblissant de plus en plus, comme persiste quelque temps le parfum d'une fleur qui s'effeuille ou l'écho d'une voix qui vient de se taire.

XIV

En ce temps-là, l'on apprit que les Sarrasins avaient fait prisonnières les religieuses d'Antioche. Sitôt la nouvelle connue, ce fut dans tout le béguinage une poignante désolation, et ceux qui passaient sur la route se demandaient quelle pouvait être la cause de ces cris de désespoir et de ces lamentations dont l'air était déchiré.

Cependant, Douceline avait assemblé le chapitre.

— Oui, pleurez et criez, mes filles, dit-elle. Et prenez la discipline et jeûnez, car, en vérité, celui qui demeurera insensible aux malheurs, si lointains soient-ils, des autres, Dieu les amènera sur sa tête. Nos sœurs sont tombées aux mains des infidèles. Qui sait quelles injures et quels tourments leur ont infligés ces maudits! Oui, pleurez et criez. Criez vers Dieu miséricorde et que chacune de nous dans le fond de son cœur pense que c'est à cause de ses propres péchés que Dieu les a abandonnées.

Et elle se jeta sur le sol et y resta les bras en croix, perdue dans une douleur si profonde qu'elle semblait sur le point de mourir ; et, de tout le jour, elle ne mangea ni ne but, tandis que, rangées autour d'elle, ses filles ne cessaient de pleurer, se tordant les mains et se frappant la poitrine, dans les sanglots, les gémissements et les cris.

Elle vivait, d'ailleurs, dans un attendrissement perpétuel ; la douceur de son caractère n'avait pas de bornes. Elle ne pouvait supporter que l'on fît du mal devant elle à quelque animal que ce fût.

Parfois, pour lui plaire, on lui apportait des oiseaux vivants dans ces sabots d'osier que construisent avec tant d'art les cagiers de Provence. Elle s'amusait un instant à les regarder, puis ouvrait la porte de la cage et leur donnait la liberté.

— Allez, disait-elle, allez et louez le Seigneur qui vous a créés.

Et longtemps elle prêtait l'oreille pour écouter leur chant, jusqu'à ce qu'ils se perdissent dans le ciel

— Silence, faisait-elle. Ne les entendez-vous plus ? Moi, je les entends toujours...

Elle avait le don des larmes. Elle aimait les larmes, elle aimait à s'en baigner les yeux et les joues et les mains, elle aimait à sentir son cœur s'y dilater et s'y fondre. Elle savait que Dieu les trouve agréables et les bénit et que celui qui pleure est plus près de lui. Oui, Douceline éprouvait une sorte d'ivresse, lorsque, du tréfonds d'elle-même, les larmes montaient jusqu'à déborder ses yeux et se pressaient entre ses paupières et en jaillissaient, abondantes et lourdes. O la bonne pluie chaude, pareille à ces pluies du printemps que tiédit le soleil et après lesquelles les bourgeons éclatent et les fleurs des arbres fruitiers s'ouvrent soudain !

Pleurer était devenu pour elle, vers la fin de sa vie, une manière de prier et, de même qu'à de certaines heures, elle faisait oraison, à de certaines autres, elle pleurait. A minuit, par exemple, régulièrement, même quand elle était malade, elle s'éveillait et entrait en larmes ; et jusqu'à matines, ainsi, comme elle disait, elle se lavait l'âme.

XV

En 1265, comme il était sur le point de partir pour Rome recevoir du pape Clément l'investiture du royaume de Naples et de Sicile, le comte Charles s'en vint à Marseille, où, bien qu'il fût sans doute décidé à ne suivre que les conseils de son ambition, il désirait consulter Douceline sur le parti qu'il devait prendre en l'occurrence. Ce qui eut lieu, et de la façon qu'on le verra plus loin, après que j'aurai rappelé la scène qui s'était produite, quelque temps avant, à la cour du roi de France, entre le comte Charles et son épouse Béatrix : de quoi l'on pourra déduire comment sa visite à la sainte mère ne fut qu'un épisode de comédie, fort habilement joué par ce prince, en vue de prouver qu'en agissant comme il allait agir, il ne faisait que conformer ses actions aux volontés du ciel.

Donc, au cours des grandes fêtes que donna, cette année-là, le roi Louis en l'honneur de son beau-frère, le roi d'Angleterre, il arriva

qu'un dimanche, comme les reines d'Angleterre
et de France se trouvaient réunies dans la chambre
de cette dernière, survint la comtesse de Provence, leur sœur. En la voyant entrer, elles se
levèrent l'une et l'autre pour la recevoir, puis
se rassirent aussitôt, la laissant debout ; et la
reine de France, encore qu'elle fût la seconde,
dit à la comtesse, son aînée :

— Il ne vous convient pas, ma bonne sœur,
quoique vous soyez l'aînée, de vous asseoir à
côté de nous, attendu que vous n'êtes que comtesse, tandis que nous sommes reines et que
c'est à nous que l'honneur et la supériorité ap-
partiennent.

A ce discours, la noble comtesse fut tellement
mortifiée qu'elle quitta la place, retourna à son
hôtel et s'enferma dans son appartement. Quand
le comte revint, il la trouva tout en pleurs.

— Ma chère amie, lui dit-il, qu'avez-vous ?
Vous savez combien je vous aime. Ai-je fait ou
dit quelque chose dont vous ayez eu le droit
de vous offenser ? Quelqu'un se serait-il permis
de vous infliger quelque injure ? Qui que ce soit
qui l'ait osé, vous en serez, j'en fais serment,
bientôt vengée.

Alors elle lui conta ce qui s'était passé.

— Eh bien! s'écria-t-il, je vous jure par le Christ et par sa Mère, et par le sacrement de la Sainte Église et par l'amour que j'ai pour vous, qu'avant qu'il soit un an vous serez reine, vous aurez la couronne en tête, et pourrez vous asseoir sur le siège de votre sœur.

Après quoi il sortit de la chambre et alla trouver le roi de France qui se promenait avec le roi d'Angleterre dans le jardin de son palais. L'ayant pris à part, il lui dit :

— Seigneur roi et frère, vous devez savoir que le très saint pape de Rome m'a écrit plusieurs missives et m'a envoyé sa bénédiction, me promettant, si je voulais déclarer la guerre au roi Mainfroi, de me faire proclamer roi de Sicile et de me reconnaître comme défenseur de l'Église de Rome. Jusqu'ici j'avais refusé de me jeter dans une semblable entreprise, mais je cède aujourd'hui à l'idée d'entreprendre cette guerre. Je me prosterne donc à vos pieds et vous prie, comme mon seigneur et mon frère, de m'accorder d'abord votre permission et ensuite des secours, de l'argent et des troupes, afin que je puisse partir avec honneur et ainsi qu'il convient à mon rang.

Le roi de France ayant acquiescé à toutes ses

demandes, Charles retourna en Provence avec la comtesse Béatrix.

A quelque temps de là, l'on vint annoncer à Douceline que le comte souhaitait de la voir et qu'il se rendrait un prochain jour au béguinage de Roubaud où il la faisait prier de bien vouloir lui accorder quelques instants d'entretien.

Il arriva l'après-midi du lendemain. La sainte mère le reçut avec sa simplicité habituelle. Elle qui avait coutume de converser durant ses extases avec Notre-Seigneur lui-même et Notre-Dame, l'entrée en sa maison d'un prince de la terre, si entouré de gloire et d'apparât qu'il fût, n'était point pour lui causer du trouble.

Elle était assise dans la salle commune du béguinage avec quelques-unes de ses filles quand on entendit retentir les trompettes de l'escorte. Elle se leva seulement comme il franchissait le seuil de la chambre, et fit quelques pas à sa rencontre. Il la salua profondément, la pria aussitôt de rejoindre son siège et de permettre qu'il prît place auprès d'elle, puis se mit à lui exposer ses projets, ne manquant pas de faire ressortir la bienveillance avec laquelle le pape Clément les avait accueillis déjà et tout le profit que si, grâce à l'aide de Dieu, il les menait à bien, en retirerait la chrétienté.

Elle l'écoutait les yeux fermés, comme elle avait l'habitude d'écouter, quand il s'agissait d'une affaire importante. Parfois, il s'interrompait de parler et, jouant avec le collier d'or qui ornait sa poitrine, attendait qu'elle eût dit ce qu'elle avait à dire, mais, comme elle se taisait, il reprenait son discours.

Cela dura ainsi quelque temps. Quand il eut fini, elle rouvrit les yeux, le regarda fixement, d'un regard lointain et très clair, comme étonnée de le voir là, et dit :

— Seigneur, je vois bien que si cette affaire vous a été offerte, ce n'est que par la volonté de Dieu ; ne craignez donc point de l'entreprendre, car le Seigneur veut faire de vous le champion de son Église, et vous aurez la victoire, avec son aide et celle de sa Mère et du porte-drapeau de Jésus-Christ, monseigneur saint François. Mais prenez garde... prenez garde...

Et sa voix parut hésiter :

— Prenez garde, seigneur, après ce que Dieu

aura fait pour vous et avec vous, de ne pas vous abandonner à l'orgueil, et de ne pas imiter le premier roi du peuple d'Israël, qui ne sut pas être reconnaissant. Si cela arrivait, Dieu vous réprouverait, comme il réprouva Saül et le priva de son royaume...

— J'y prendrai garde, ma sainte mère, interrompit le comte de Provence.

Et l'ayant saluée, sans un mot de plus, il quitta la place.

Là ne se bornèrent point les relations de Charles d'Anjou avec la supérieure des béguines de Roubaud. Au cours des événements qui se déroulèrent durant les années suivantes, il lui écrivit plusieurs fois pour lui demander conseil. Elle lui fit savoir que Dieu n'était point satisfait de lui et qu'il se préparait même à le punir. Elle l'avertissait « que le Seigneur avait encore des verges dans son jardin pour le châtier, qu'il ne se dissimulât pas qu'il serait puni grièvement du péché d'ingratitude, et que le jour viendrait où Dieu appesantirait sur lui sa main toute-puissante, et où il perdrait douloureusement ce qu'il avait gagné, et qu'elle lui en donnait l'assurance ». Mais cela ne l'arrêta pas dans la voie périlleuse où l'entraînait sa soif insatiable de conquête. On sait comment il perdit son royaume, comment Dieu le frappa au faîte de la gloire et comment il mourut.

XVI

Il est enfin une autre circonstance où la sainte mère des béguines se retrouva sur le chemin de ce prince ambitieux et dont le plus grand crime fut peut-être de ne point savoir pardonner à ses ennemis.

Parmi les notables marseillais qui, en manière de protestation, s'étaient refusés à apposer leur signature sur le parchemin des « Chapitres de Paix », de 1252, de 1257 et de 1262, se trouvait un riche commerçant nommé Jean de Manduel.

Il appartenait à une famille originaire d'une petite ville du même nom, située dans les environs de Nîmes. Au début du XIIe siècle, un Étienne de Manduel était établi à Marseille et y faisait des affaires de banque avec l'Égypte, la

Sicile, la Syrie et les villes barbaresques. Ses deux fils, Bernard et Jean, adjoignirent au trafic de l'argent un commerce d'exportation et d'importation qui n'avait point tardé à devenir prospère. Bernard mort, Jean demeura seul à la tête de ces importantes entreprises.

Il possédait une fortune considérable, de nombreux immeubles dans Marseille et un vaste domaine dans l'île de Majorque : c'était donc un personnage influent, et qui jouissait, tant à cause de ses richesses que de sa haute honorabilité, de l'estime de tous. C'était aussi un ardent patriote, et il le prouva, en s'alliant avec Hugues des Baux, fils de Bertrand des Baux, et petit-fils de cet Hugues des Baux, l'un des derniers vicomtes de Marseille, qui avait causé jadis tant de difficultés à la commune, et avec quelques autres : Pierre Dubarry, les frères Valence, Jean Guigues, Bertrand de Saint-Victor, Assaud de Guillan, le seigneur de Gignac, Albert de Lavagne, pour essayer de secouer la domination de Charles d'Anjou et de restaurer la République.

Hugues des Baux était jeune ; il avait pris part aux récents combats que les Marseillais avaient livrés au comte, puis traqué par les troupes de Charles, devenu suspect à ses alliés mêmes qui

avaient préféré abandonner la lutte et accepter,
si humiliantes soient-elles, les conditions de leur
vainqueur que de risquer leur vie pour le salut
de la patrie, son père l'avait repoussé et déshé-
rité, et le comte avait mis sa tête à prix. Il trouva
cependant asile dans la maison d'un bon notaire
de Marseille, nommé Payne, qui l'accueillit et
le cacha. Et peu à peu, tous ceux qui ne pouvaient
se résigner à subir le joug du nouveau maître
se groupèrent autour de lui. Albert de Lavagne,
qui avait été juge de Marseille, du temps du
comte de Toulouse, et remplissait les fonctions
de juge à la Cour épiscopale, lors de la cession
au prince Charles, devint le chef de la conspi-
ration. Au cours des assemblées secrètes que
tinrent les conjurés, il fut décidé que, puisque
l'on ne pouvait compter sur les Marseillais eux-
mêmes pour délivrer Marseille, la seule chance
de réussite était de recourir à l'étranger. On
s'aboucha avec don Pèdre, fils aîné de don Jayme
qui était le cousin germain du dernier comte de
Provence, Raymond-Bérenger V. Il avait de l'ambition, une nature audacieuse et turbulente, et
les liens ne s'étaient pas rompus qui unissaient
les Catalans et les Marseillais. Don Pèdre four-
nirait des galères, des munitions et de l'argent ;

les conspirateurs fourniraient des hommes. Malheureusement on en trouva peu : la prospérité dont jouissait Marseille depuis qu'avaient pris fin les longues luttes qu'elle avait supportées, avait brisé le ressort des énergies : les Marseillais n'aspiraient qu'à récolter les bénéfices d'une paix si chèrement conquise et à remettre de l'ordre dans leurs affaires ; les temps héroïques étaient accomplis ; ils entendaient vivre tranquilles et gagner de l'argent.

Le complot, d'ailleurs, fut éventé, les conspirateurs arrêtés, jugés d'abord à Aix, ensuite à Marseille et condamnés à mort, pour crime de lèse-majesté. Albert de Lavagne s'était enfui ; Jean de Manduel et ses amis subirent leur peine.

La supérieure des béguines de Roubaud était liée avec ces hommes, surtout avec Jean de Manduel pour qui elle nourrissait une sympathie profonde : du temps qu'elle construisait son béguinage, il l'avait aidée de ses conseils et, au cours des heures périlleuses qu'avait traversées l'institut de Crotte-Vieille, l'avait secourue moralement et matériellement.

Elle l'alla voir dans sa prison. Les mauvais traitements qu'il avait eus à subir n'avaient pas plus altéré sa bonne humeur qu'abattu son courage. Il était de ces hommes dont l'adversité grandit le caractère. Comme elle s'attendrissait sur le sort qui lui était réservé.

— Eh ! qu'importe ? ma bonne mère, dit-il d'une voix ferme et haute, j'accepterai sans trembler mon destin. Si c'est la mort qui m'attend, j'irai vers elle la tête droite et les pieds solides. Mieux vaut mourir, en tout cas, que de continuer à vivre au milieu d'un peuple d'esclaves. Dieu me jugera !

Quelques jours plus tard, dans la lumière dorée d'un matin de novembre, à travers les remous de la foule hostile et brutale, Jean de Manduel et ses amis furent conduits à la plaine Saint-Michel pour y être exécutés. Sans songer aux conséquences que risquait d'entraîner pour elle et pour ses filles le fait d'avoir assisté, à leurs derniers moments, les ennemis du comte Charles, Douceline s'était jointe aux frères mineurs qui les accompagnaient. Depuis la prison jusqu'au lieu de supplice, elle se tint auprès de Jean de Manduel.

Il fut mis à mort le dernier : debout contre l'échafaud, il y vit monter tous ses camarades ; il les étreignit l'un après l'autre. Quand son tour fut venu, il s'agenouilla devant la sainte femme et baisa le bord de son voile. Elle le bénit en pleurant. Il se releva et, montrant à la foule un visage où pas un muscle ne bougeait, il franchit lentement les marches qui le séparaient de la mort.

— Peuple de Marseille, s'écria-t-il, peuple de Marseille, écoute-moi.

— Non, non, à mort, à mort, hurlèrent des milliers de bouches. A mort ! A mort, le traître !

Des hommes se ruaient pour l'arracher aux mains du bourreau et le mettre en pièces. Mais Douceline les avait devancés. Montée sur la première marche, elle leur faisait face et bravait leur fureur déchaînée. Ils la virent si calme, si forte, dans l'immobilité de son grand manteau noir, qu'ils s'arrêtèrent, comme un troupeau de bêtes fauves que le dompteur a maîtrisées de son regard. Et le calme se fit.

— C'est pour vous, mes amis, dit-elle, que ces hommes sont morts et que celui-ci va mourir. Et vous les maudissez, ingrats ! Au lieu de les maudire, priez plutôt Dieu de sauver leur âme !

Elle prononça ces paroles d'une voix tellement

faible et tremblante que ceux mêmes qui se trouvaient tout auprès d'elle les entendirent à peine ; et toute cette foule, jusqu'aux extrémités de la vaste place, les perçut cependant, car aux clameurs de haine succéda aussitôt un silence recueilli et angoissé au milieu duquel le bruit sourd de la hache qui, une fois tranchée la tête de Manduel, atteignit le billot, retentit comme, dans les forêts, le dernier coup de la cognée abattant un vieux chêne.

XVII

Cependant, dès le lendemain du jour où, en présence du peuple et des nobles de Rome, le pape Clément avait couronné Charles roi de Sicile, ce dernier vint trouver le Saint-Père et lui dit :

— Saint-Père et seigneur, je ne suis pas venu ici pour me reposer, ainsi qu'une femme, mais pour faire la guerre au fils bâtard de Frédéric, au prince de Tarente, au roi Mainfroi et aux Gibelins, ennemis déclarés de l'Église et excommuniés. Je ne serai pas assez orgueilleux pour penser que je puisse seul mener à bonne fin cette guerre. Mais vous qui êtes sur le trône de Rome, qui m'avez proclamé le défenseur de l'Église, envoyez vos ordres dans tous les royaumes et invitez tous ceux qui croient au Christ et sont ainsi sous votre dépendance, à accourir à votre secours avec leurs troupes, pour abattre les ennemis de l'Église.

Le pape Clément y consentit et une puissante armée répondit à son appel. Il lui donna sa bénédiction solennelle et, au nom du Christ toujours vivant, accorda l'absolution plénière à tous ceux que l'épée moissonnerait au cours de cette guerre ; après quoi l'on se mit en marche vers la Pouille.

Le roi Mainfroi, de son côté, ne restait pas inactif. D'Allemagne, de Lombardie et de Toscane, de Sicile et de Calabre, lui vinrent de nombreuses troupes, braves et aguerries et si, au lieu d'attaquer sur-le-champ les forces du roi Charles gravement éprouvées par la famine, il avait attendu quelques jours, il se peut qu'il les eût battues. Le contraire arriva. Les deux armées s'affrontèrent près de Bénévent, sur les bords du fleuve Cadore : le roi Mainfroi y fut tué ; ceux de ses soldats qui lui survécurent se soumirent au roi Charles et le reconnurent pour souverain.

Mais Mainfroi avait un neveu, qui était le

fils de Conrad IV, empereur d'Allemagne, et qui s'appelait Conradin. Désireux de venger la mort de son oncle et de reconquérir son royaume, il parcourut l'Allemagne, sollicitant de tous les princes et seigneurs de l'aider dans son entreprise et de l'accompagner dans la Pouille combattre et vaincre le roi Charles. Il rassembla ainsi une armée innombrable.

Sitôt qu'il en fut informé, le roi Charles demanda du secours à son frère le roi de France, au pape Clément qui lui offrit tous les trésors de l'apôtre Pierre et de l'Église de Rome et, par lettres pressantes, pria de nouveau les souverains de la chrétienté de lui fournir des troupes, et à Guillaume de Ville-Hardoin, prince de la Morée, qui accourut suivi de ses meilleurs guerriers, au nombre de quatre cents, tous à cheval.

C'est à Tagliacozzo, près d'Aquila, dans les Abruzzes, que le choc eut lieu et, grâce à un stratagème que suggéra au roi Charles le prince Guillaume lui-même, selon les uns, selon les autres, le chevalier Allard de Saint-Valéry, qui arrivait de la Terre Sainte où il avait combattu pendant plus de vingt ans, les Allemands y furent anéantis. Voici comment.

Le prince Guillaume... ou le chevalier Allard,

étant monté sur une colline d'où il avait pu exa-
miner à son aise l'armée de Conradin, revint au
camp et en rendit compte au roi Charles, en ces
termes :

— Croyez à ce que je vais vous dire, mon seigneur, car je vous en garantis la véracité. Je viens
d'observer l'armée ennemie ; je la crois double
de la nôtre, et j'ai bien peur, si nous la combat-
tons à la manière des Francs, que nous perdions
la bataille. Usons plutôt de ruse et d'artifice
comme les Turcs et les Grecs en usent ordinai-
rement avec nous en Romanie. J'espère alors en
Dieu et en la justice de notre cause que nous ob-
tiendrons la victoire.

— Eh bien! dites-moi donc comment vous
l'entendez, acquiesça le roi Charles.

— Voici. Choisissons dans notre armée des
hommes légèrement montés, prudents et aussi
habiles à poursuivre l'ennemi qu'à fuir rapide-
ment à cheval. Formons-en trois ou quatre divisions et lançons-les contre les Allemands. Impa-
tients comme ils sont d'engager la bataille, ces
derniers marcheront avec ardeur, j'en ai l'assurance, contre ces divisions. Les nôtres les lais-
seront avancer et, sitôt qu'ils seront près d'eux,
feront semblant de fuir et les attireront dans la

direction de nos tentes ; mais, au lieu de rentrer au camp, ils presseront leur course et, tout en se maintenant tous bien réunis, passeront de l'autre côté. Alors...

— Poursuivez, poursuivez, dit le roi Charles avec impatience.

— Alors, seigneur, je connais bien les Allemands ; ils n'ont jamais pu résister à l'appât du butin. Quand, à l'intérieur de nos tentes, ils apercevront nos habits, nos effets, nos armures brillantes, ils cesseront de poursuivre nos troupes et entreront dans les tentes pour les piller. C'est lorsque nous les y verrons bien occupés, ayant rompu leurs rangs et dispersés, qu'au signal des vedettes que nous aurons pris soin de placer sur les hauteurs environnantes, nous fondrons sur eux, en même temps que les trois divisions légères les envelopperont et les détruiront.

Les choses se passèrent selon ces prévisions et la déroute des Allemands fut complète : non seulement, avec leurs arbalètes et leurs arcs, les fantassins francs les massacrèrent comme on tue des sangliers, mais, dans leur soif de butin, on les vit s'égorger entre eux, sauvagement. Un seul mécompte diminua la joie des vainqueurs : Conradin et le duc d'Autriche avaient réussi à prendre la fuite. Déguisés en paysans, ils parvinrent à travers la Maremme jusqu'à Asturi, maison de campagne des seigneurs de Frangipani, non loin de Rome, et ils étaient déjà montés sur une barque qui devait les conduire en Sicile où une partie de la population s'était révoltée en leur faveur, quand ils furent reconnus, faits prisonniers et livrés aux mains du roi Charles.

Quels furent les sentiments de ce prince le jour qu'il se trouva en présence de ses ennemis chargés de chaînes? Il est aisé, sachant la dureté de son caractère, son acharnement à dominer, son orgueil démesuré, son ambition, il est aisé de les imaginer. Ils étaient très jeunes tous deux, presque deux enfants encore : Conradin n'avait que seize ans. Tout autre aurait peut-être pardonné, ou se serait du moins montré clément. Charles fut inexorable, comme s'il eût voulu s'attacher à justifier dans tous ses actes le jugement que devait porter sur lui la postérité : « célébré ou maudit dans toutes les langues ».

Pour mettre sa conscience en repos, il consulta, cependant, le pape Clément. La réponse du Saint-Père fut brève : « Vita Conradini, mors Caroli ; mors Conradini, vita Caroli. » — « Si Conradin vit, Charles meurt ; si Conradin meurt, Charles vit. » Aucune hésitation n'était donc possible : un tribunal fut constitué à Naples qui, comme traîtres à la couronne et ennemis de l'Église, condamna à mort les deux princes. Mais au moment où Robert de Bari, l'un des juges, prononçait l'arrêt, le gendre du roi Charles, Robert de Béthune, comte de Flandre, incapable de dompter le mouvement de révolte qui le secouait en présence d'une telle injustice, se jeta sur lui, et le tua net, sous les yeux du roi.

Et l'arrêt fut exécuté : le 29 octobre 1268, au milieu des gémissements et des murmures de tout un peuple, les deux condamnés furent traînés sur la place du marché de Naples. La tête de Frédéric d'Autriche tomba la première. Conradin la prit et la baisa longuement ; puis il se mit à genoux et, d'une voix déchirante, s'écria :

— O ma mère, ma bonne mère, quelle douleur sera la vôtre lorsqu'on vous apprendra la mort de votre malheureux fils !

Et il monta sur l'échafaud.

Parmi le butin fait par ses armées à Tagliacozzo, le roi Charles se réserva la tente de Conradin, supportée par dix colonnes, ses armes magnifiques, ses habits et son argent ; Guillaume de Ville-Hardoin reçut la tente, les armes, les habits et l'argent de Frédéric, duc d'Autriche et de Carinthie.

Un frisson d'horreur courut à travers la chrétienté, lorsqu'on apprit comment le roi Charles avait traité le dernier rejeton des Hohenstaufen, et l'on ne tarda pas à l'apprendre. Quand Douceline en fut informée, elle ne put s'empêcher de fondre en larmes, se souvenant des derniers moments de Jean de Manduel auxquels elle avait assisté, se rappelant aussi les regards cruels qu'elle avait vu luire, à plusieurs reprises, dans les yeux du comte de Provence, au cours des entrevues qu'il lui avait accordées. Les rapports qu'on lui faisait en même temps de la jeunesse de Conradin, de son courage héroïque, de sa beauté si gracieuse, de son caractère chevaleresque, lui déchiraient le cœur. Elle avait beau se dire qu'il avait pris les armes contre le Saint-Père de Rome, contre l'Église elle-même, elle ne pouvait se décider à absoudre le comte de la cruauté avec laquelle il s'était conduit : s'il avait été possible que la haine jamais pénétrât dans son âme, certainement elle l'aurait haï.

XVIII

Cependant sa fin approchait.

Les saintes filles avec qui elle vivait, les personnes qui la rencontraient à travers les rues, poursuivant sa mission de dévouement et de charité, se demandaient, tant elle était devenue mince et pâle, comment ses pieds avaient encore la force de la porter. L'on eût dit, d'ailleurs, qu'ils ne touchaient point la terre, de sorte qu'elle paraissait glisser lentement au-dessus du sol, comme soulevée et soutenue par une force invisible.

Son visage s'était rapetissé, resserré entre les limites de son front, de son menton et de ses joues, et sa chair était si transparente que les ombres et les lumières qui se jouaient sur ses traits, c'était comme si elles eussent été engendrées par un foyer brûlant au dedans d'elle-même. Seuls, ses yeux étaient demeurés les mêmes, aussi purs, aussi clairs qu'aux jours de sa jeunesse, des yeux d'enfant, d'une ingénuité et d'une fraîcheur infinies, mais que la contemplation des choses de l'au-delà qui lui était familière faisait resplendir d'un éclat surnaturel.

Le surprenant, c'est qu'au lieu que sa faiblesse corporelle diminuât en rien la vigueur de son esprit, bien au contraire, elle l'augmentait. Il n'y avait plus en elle de vivant que son âme, mais de quelle vie exaltée et sublime et combien plus ardente, plus intense que celle qui se manifeste par les gestes et les actes corporels !

Cette année-là, qui devait être celle de sa mort, pour la fête de Notre-Dame de la mi-août, elle connut une des plus prodigieuses extases dont elle eût été jusqu'à ce jour favorisée.

Ayant communié, elle demeura devant l'autel, depuis Prime jusqu'après Vêpres, en un tel transport qu'au moment où l'officiant entonna la première antienne : *Assumpta est Maria in cœlum, gaudent angeli,* on la vit tout à coup s'élever dans l'air avec tant d'élan et si haut que ses filles ne purent retenir un cri d'émerveillement et, en même temps, d'épouvante. Elles crurent que son âme venait de prendre son essor vers

Dieu et se précipitèrent toutes ensemble, les mains tendues, pour la retenir.

Elle resta ainsi suspendue dans le vide jusque vers l'heure de Complies où, lentement, comme à regret, elle redescendit à terre. Alors, on put voir qu'elle était transfigurée. Une beauté toute céleste illuminait son visage ; les rides avaient disparu qu'avaient creusées autour de ses yeux et de sa bouche les mortifications que, depuis sa plus tendre enfance, elle s'était imposées pour vaincre sa chair. Elle était pareille à ces anges des missels et des rétables aux traits desquels resplendissent les roses et les lys d'une jeunesse éternelle ; elle était redevenue la belle jeune fille qu'elle avait été, et si quelqu'un de ceux qui l'avaient vue cinquante ans plus tôt jouer avec ses compagnes devant la petite maison de Barjols, l'avait rencontrée, nul doute qu'il l'eût reconnue et se fût demandé par quel prodige elle avait été ainsi préservée des injures du temps.

On crut aussi qu'au cours de ce ravissement lui fut révélé le jour de sa mort ; certaines paroles où elle y faisait allusion, avec cette réserve dont ne se départissent jamais, de peur de susciter l'envie ou le doute, les êtres privilégiés à qui

Dieu permet de connaître ses desseins, laissent supposer qu'il en fut ainsi.

Quoi qu'il en soit, durant la semaine qui suivit la fête de Notre-Dame, elle déploya une activité plus grande encore auprès des malades et des pauvres. Certes, jamais elle n'avait épargné sa peine pour le soulagement des souffrances et des misères, mais son zèle de naguère eût passé pour de la tiédeur auprès de la fiévreuse passion dont elle était possédée. On la vit, alors, partout à la fois, dans les endroits les plus reculés de la ville, prodiguant aux uns et aux autres des soins, des conseils, des paroles de consolation, de réconfort, d'espérance, d'amour : elle se donnait toute à tous, sans cesse.

Elle arrêtait les enfants dans les rues pour les serrer contre son cœur.

— Petits, mes petits, leur disait-elle, c'est en vous que Dieu a mis sa confiance. Priez-le, aimez-le de toute votre âme et vous serez heureux.

Il n'y avait pas jusqu'aux animaux, pour qui l'on sait d'ailleurs qu'elle avait toujours montré de la prédilection, qu'elle n'entourât d'une plus affectueuse tendresse. Une de ses filles l'aperçut, un soir, assise sur le banc de pierre de la cour et qui, ayant pris entre ses deux mains amaigries la grosse tête de Noiraud, le chien de garde du béguinage, et contemplant fixement ses bons yeux clairs, lui disait :

— Te souviendras-tu bien de moi, Noiraud, quand je t'aurai quitté pour toujours? Ne m'auras-tu pas de suite oubliée?

Et la bonne bête s'était mise à pleurer, tout en remuant la queue pour exprimer et sa fidélité et le chagrin que lui causaient les paroles de la sainte mère.

Enfin, la veille du jour qu'elle allait prendre le lit pour ne plus le quitter que morte, elle voulut qu'on la conduisît jusqu'à l'extrémité du verger de Roubaud et qu'on la laissât seule. Il y avait là une sorte de pavillon, formé de quatre piliers de maçonnerie, supportant un toit de tuiles à deux pentes où le jardinier du béguinage serrait ses outils durant l'hiver. Elle-même en avait choisi l'emplacement, sur une petite éminence plantée de cyprès, à cause de la beauté du paysage que, de là-haut, l'œil pouvait embrasser.

Le soir était très doux. Le soleil, disparu depuis longtemps déjà derrière la mer, emplissait encore le ciel d'un poudroiement de chaude lumière qui, en retombant sur l'eau, la rendait pareille à un miroir d'or. Une cigale attardée chantait; les fleurs du jardin laissaient s'évaporer leur âme odorante.

Douceline s'assit sur le mur bas qui rejoignait les uns aux autres les piliers. Une espèce de joie douloureuse débordait de son cœur, si violemment qu'un flot de larmes inonda ses yeux. Pourquoi pleurait-elle? Elle n'en savait rien et n'aurait pu le dire. Était-ce la vue de ces horizons qu'elle venait contempler pour la dernière fois, de ces îles blanches pareilles à de grands navires aux voiles éployées dont est semé le golfe, des clochers et des murs crénelés de la ville où elle avait vécu tant d'heureuses années, entourée du respect et de l'affection de tous, qui l'attendrissait à ce point? Était-ce la pensée d'abandonner ses compagnes et l'œuvre à laquelle elle avait consacré toute sa vie, pour laquelle elle avait dépensé sans compter toutes ses forces? Pas davantage. En créant l'institut d'Hyères et, plus tard, celui de Marseille, elle n'avait fait qu'obéir aux ordres de Dieu ; qu'aurait-elle pu faire sans sa protection, sans le secours qu'à tout instant il lui avait donné? Elle partie, Dieu, donc, y pourvoirait.

Non, la cause de ses pleurs était autre. Au milieu de l'existence active qu'elle avait menée, des préoccupations et des inquiétudes qui l'avaient sans cesse absorbée, d'une part, et, d'autre part, au milieu de la vie contemplative qui avait occupé l'autre moitié de ses jours, Douceline n'avait, depuis des années et des années, trouvé le loisir de songer au passé. Le passé n'obsède que les faibles ; les forts, ceux qui ont une mission à accomplir, le présent et l'avenir existent seuls pour eux. Et voici que la sainte femme, à cette heure où elle avait conscience que sa mort était proche, venait de jeter un regard derrière elle et tout son passé s'était dressé vivant à ses yeux... c'est pourquoi elle pleurait.

Elle revit le soir où sa mère était morte, la petite maison de son enfance, au milieu des oliviers, certains gestes, certaines attitudes qu'avait accoutumés son père, leur départ de Barjols, leur arrivée à Hyères, ses rencontres si rares avec le saint frère Hugues ; elle se rappela la vision des trois dames au voile noir qui avait décidé de sa vocation, et le premier couvent de Roubaud avec son jardin de cyprès et de roses et le murmure du ruisseau qui le bordait ; elle revécut les heures difficiles de son installation à Marseille, les émotions de son voyage à la cour du comte Charles, les tragiques péripéties du complot qui s'était terminé par la mort de Jean de Manduel... et une tristesse infinie s'empara de son âme. Des remords l'envahirent ; elle qui avait marché, toute sa vie, plongée dans son rêve et ne percevant rien des réalités environnantes, voici qu'elle trébuchait et chancelait contre les pierres du chemin, au moment qu'elle allait en atteindre le but. Elle cessa de pleurer ; comme ses yeux, son cœur se dessécha soudain. Elle eut la sensation de tomber dans un gouffre de ténèbres au fond duquel tourbillonnait un torrent de flammes. Elle crut sa mort venue : un cri jaillit de sa poitrine ; une sueur glacée couvrait ses membres. Elle se ressaisit enfin.

— Mon Dieu! Mon Dieu! pardonnez-moi! Mon Dieu! ayez pitié de moi!

Son supplice était achevé ; la paix rentra dans son âme ; elle se sentit de nouveau forte et joyeuse, illuminée de confiance et d'amour divin ; Dieu l'avait une fois de plus visitée.

Maintenant la nuit était venue, une nuit chaude, étincelante d'étoiles ; dans le silence on entendait la respiration lente de la mer et les appels des veilleurs sur les tours de la ville, se répondant de loin en loin. Une cloche sonna au clocher d'une église, puis une autre, plus rapprochée. Alors Douceline se leva et à pas lents, se guidant dans l'ombre au parfum des fleurs qui bordaient les allées, reprit son chemin vers le béguinage. Mme Philippine qui, saisie d'inquiétude, était venue au-devant d'elle, sans que la sainte femme, d'ailleurs, l'eût aperçue, raconta que ses pieds laissaient sur le sol où ils s'étaient posés une empreinte de lumière.

XIX

Lorsque le lendemain, au point du jour, les béguines pénétrèrent dans la chapelle pour la prière du matin, elles furent douloureusement surprises en voyant que la place de leur supérieure était vide. C'était bien la première fois, depuis des années et des années, que pareille chose avait lieu.

Mme Philippine ne se trouvait point là non plus: il fallait donc que quelque grave événement fût survenu.

— J'ai vu de la lumière, cette nuit, dit l'une d'elles, dans la chambre de notre sainte mère.

— J'ai entendu madame Philippine ouvrir et

fermer sa porte à plusieurs reprises, cette nuit, dit une autre.

— Silence, mes sœurs, voici madame Philippine.

La prieure venait d'entrer. Elle s'agenouilla devant l'autel quelques instants, puis se releva, et d'une voix que l'émotion faisait trembler :

— Mes chères sœurs, prononça-t-elle, vous ne verrez pas d'aujourd'hui notre mère. Une fièvre de la plus grande violence l'a prise hier soir. Priez Dieu qu'il nous la conserve. Je retourne auprès d'elle. Priez, mes chères sœurs, priez.

De toute part des sanglots éclatèrent, la chapelle s'emplit de gémissements.

— Nous ne la verrons plus jamais!

— Notre pauvre mère!

— Notre sainte mère!

— Je le savais...

— Je l'avais dit...

— Elle n'appartenait plus à la terre!

— Elle si bonne, elle si pure, elle si douce!

— Nous ne la verrons plus!

— Nous ne la verrons plus!

Et les pieuses filles s'éploraient. Les plus jeunes se jetaient dans les bras des plus vieilles.

— Qu'allons-nous devenir, ma sœur, ma chère sœur?

— Dieu peut tout, Dieu la gardera à notre amour! Prions, mes sœurs, prions.

— Prions Notre-Dame qui lui a donné tant de marques de sa tendresse.

— *Ave, Maria...*

Les voix s'accordèrent et se rythmèrent. Les *Ave* succédaient aux *Ave* ; et peu à peu l'apaisement gagnait les cœurs, la confiance y refleurissait. Non, non, il ne se pouvait pas que Notre-Dame restât sourde à leurs supplications! Elle savait ce que leur sainte supérieure était pour elles! Elle savait que, sans elle, elles seraient comme des brebis qui n'ont plus de bergère, comme des enfants qui n'ont plus de mère, comme de pauvres corps qui n'ont plus d'âme!

Jamais prières ne jaillirent avec plus de ferveur et de sincérité de cœurs plus sincères et plus fervents.

L'inquiétude de Mme Philippine était justifiée : Douceline était gravement malade.

Quand, la veille au soir, malgré la résistance de la sainte femme, elle l'avait aidée à se mettre au lit, elle l'avait trouvée si faible, si oppressée, si brûlante qu'elle avait voulu faire aussitôt chercher un médecin ; mais Douceline s'y était opposée.

— Y pensez-vous ? Jamais, ma bonne Philippine, jamais je ne me suis sentie mieux portante. Rentrez donc chez vous, je vous prie, et dormez en paix. Demain, il n'y paraîtra plus.

Et comme la prieure faisait mine de ne pas avoir entendu :

— Allez, vous dis-je, allez.

La chambre de Mme Philippine n'était séparée de celle de Douceline que par une mince cloison de briques, de sorte qu'elle put l'entendre qui, longtemps, ne cessa de s'agiter dans son lit, de soupirer et de se plaindre (elle, si dure, cependant, à la souffrance). Puis, le silence se fit. Alors, saisie d'angoisse, Mme Philippine s'était précipitée dans la chambre de la supérieure et, à la lueur de la lampe de terre suspendue à la tête de son lit, elle l'avait aperçue qui ne donnait plus signe de vie... Il lui avait fallu se pencher au-dessus d'elle, coller l'oreille contre la poitrine de la sainte, pour percevoir le battement de son cœur. Elle vivait encore !

— Ma mère, ma bonne mère, dit la prieure à voix basse. M'entendez-vous ?

Douceline ouvrit les yeux :

— Savez-vous, prononça-t-elle lentement, savez-vous que le Seigneur agit comme une mère qui veut faire manger son petit enfant? Elle tient dans sa main le morceau qu'elle veut lui donner, et quand l'enfant n'y prend pas garde, elle le lui met dans la bouche. Ainsi fera le Seigneur.

Et elle tomba en extase.

Les médecins que Mme Philippine fit appeler le jour suivant déclarèrent qu'ils ne pouvaient rien pour la sauver. Elle semblait, d'ailleurs, ne point souffrir. Elle restait immobile sur sa couche, très paisible et indifférente à tout ce qui se passait autour d'elle, ne voyant plus rien, n'entendant plus rien, concentrée dans la contemplation du monde de clarté où elle allait bientôt entrer. N'était la flamme qui rayonnait dans ses yeux, on l'eût pu croire morte. Mais que cette flamme était vive et puissante! Si vive et si puissante que la nuit venue, toutes les personnes qui pénétraient dans sa chambre s'étonnaient qu'il y fît si clair, s'étant bientôt rendu compte que ce ne pouvait

être de la lampe qui y était allumée que se dégageait tant de lumière.

La sainte mère s'était trouvée mal le mercredi :
le vendredi, tout le couvent prit la discipline, en
criant vers Dieu de la sauver. Le samedi, les béguines jeûnèrent au pain et à l'eau, à genoux, en
l'honneur de Notre-Dame, qu'elles suppliaient
de lui envoyer la guérison.

Nuit et jour, en permanence dans la chapelle,
elles se relayaient au pied du tabernacle, priant
et se lamentant, et dans le long couloir sur lequel
s'ouvrait la chambre de la sainte, c'était, nuit et
jour,une procession d'ombres douloureuses, étouf-
fant des sanglots sous les plis de leurs voiles.
Deux par deux, Mme Philippine les faisait entrer
dans la cellule. Elles s'agenouillaient en silence
au pied du lit, contemplaient le visage extasié de
leur supérieure, puis, sur un signe de la prieure,
se retiraient. Les plus jeunes ne pouvaient supporter sans faiblir ce spectacle ; il y en eut plusieurs qui s'évanouirent, il y en eut une que, la
gorge contractée, les membres raidis, il fallut
emporter de force, poussant des cris inarticulés,
en proie à une attaque spasmodique, les yeux
hagards, les lèvres livides.

Six jours et six nuits se passèrent ainsi.

*
* *

Le septième jour, à l'aube, la malade eut une crise d'étouffement si violente que Mme Philippine et les deux frères mineurs qui se trouvaient auprès d'elle crurent sa dernière heure arrivée.

La prieure fit aussitôt sonner la cloche de Roubaud et les béguines accoururent. La chambre était si petite que, même en se serrant étroitement les unes contre les autres, elles eurent de la peine à y tenir toutes. De peur que la sainte manquât d'air, il fallut ouvrir la fenêtre. Comme elle était exposée au levant, un flot de lumière dorée, sitôt que le soleil parut, y pénétra et un rayon vint se poser sur le lit de la bonne mère. Elle sembla s'en réjouir, tendit vers lui ses mains décharnées, comme vers un messager de bonheur, et son visage s'illumina. Dans les arbres du verger des oiseaux chantèrent ; l'air était très doux ; c'était le premier jour de septembre.

— Vous sentez-vous mieux ainsi, ma chère mère, demanda Mme Philippine, en se penchant vers elle.

Elle fit de la tête un signe affirmatif, puis pro_

mena ses regards autour d'elle. Une après l'autre, longuement, elle contempla ses filles. Elle adressait à chacune un sourire : on voyait bien qu'elle les reconnaissait. Mais ses traits soudain s'obscurcirent ; une inquiétude affreuse fit ses yeux hagards ; elle remua les lèvres, elle voulut parler.

— Auriez-vous froid, interrogea la prieure, ou désireriez-vous qu'on vous laisse seule?

Elle fit de la tête un signe négatif. La prieure, alors, lui tendit à boire. Ce n'était pas cela non plus qu'elle désirait.

Enfin, après de surhumains efforts :

— Et Nicolette? prononça-t-elle. Et Nicolette?

Nicolette était la plus jeune béguine de Roubaud qui, quand elle avait vu, l'autre jour, sur son lit de souffrance, la pauvre mère, s'était évanouie et était en proie, depuis, à des troubles nerveux si graves que l'on avait craint pour sa vie.

— Nicolette, répondit Mme Philippine, Nicolette est malade, hélas!

Alors, laissant aller sa tête sur l'oreiller, les yeux clos, Douceline pleura à grosses larmes, dont ses joues étaient inondées, et rien n'était plus touchant que de voir, sur ce pâle visage, descendre ces larmes d'entre ses paupières fermées.

Quand elle fut calmée, un des frères mineurs s'approcha d'elle et lui demanda :

— Dame Douceline, à qui laissez-vous vos enfants ?

Elle répondit :

— A Dieu et à notre ordre.

— Mais à qui les confiez-vous ?

— A Notre-Seigneur et à saint François.

— Et qui laissez-vous à votre place ?

— Le Saint-Esprit y pourvoira.

Peu après, elle entra dans l'agonie, ou l'on crut du moins qu'elle y entrait, car elle en donnait tous les signes ; mais son esprit continuait à vivre, alors que son enveloppe de chair commençait déjà de s'anéantir. L'on en eut bien la preuve au moment où, pensant venue la suprême minute et, voyant le paroxysme de douleur qui déchirait ses chères béguines, le supérieur des Franciscains lui demanda de leur donner sa bénédiction. D'abord, elle ne parut pas entendre et il dut à deux reprises renouveler sa demande.

Elle comprit enfin et, comme animée par une force nouvelle, sans que personne lui vînt en aide, elle se redressa, étendit ses bras en croix, puis, d'un geste large et ferme, traça au-dessus de leurs têtes inclinées le signe sacré, disant :

— Au nom du Père et du Fils et du Saint-Esprit, mes filles bien-aimées, présentes et absentes, je vous bénis... je vous bénis... je vous bénis.

Et après un long silence :

— Seigneur, j'ai espéré en vous, je ne serai pas confondue éternellement. Seigneur, je remets mon âme entre vos mains.

Puis un grand cri, et elle tomba à la renverse. Elle avait passé.

Au même moment, une femme du voisinage qui se trouvait assise dans la chambre de la petite Nicolette, en train de lui prodiguer ses soins, vit tout à coup la jeune fille enveloppée de lumière, cependant qu'une voix très douce et très joyeuse disait :

— Ne me pleure pas, je ne suis point morte, mais je m'en suis allée de ce monde à mon père, et celui qui a souffert sur la croix pour moi m'a unie intimement à lui.

Et Nicolette s'était trouvé guérie.

XX

Sitôt qu'eut été répandue à travers la ville l'annonce que sainte Douceline était morte, de tous côtés l'on accourut au béguinage. Riches et pauvres, tous voulaient la voir ; de sorte qu'en quelques instants le couvent de Roubaud se trouva envahi. Dans les cours et dans les couloirs, dans le réfectoire et dans la chapelle, une foule énorme se pressait. A la lueur rare des cierges et des lampes on aperçut un fourmillement de têtes, de mains levées duquel montait une rumeur coupée de plaintes et de sanglots.

Ayant renvoyé les béguines dans leurs cellules, la prieure était restée seule avec les religieux franciscains pour veiller le corps de la sainte. Le jardinier du couvent et quelques braves hommes des environs montaient la garde au seuil de la chambre mortuaire, n'y laissant entrer que deux à deux, et pour quelques instants seulement, les pieux visiteurs. Mais tout à coup une poussée se produisait et la chambre était pleine.

Des scènes déchirantes avaient lieu : des ma-

lades, des infirmes que Douceline avait guéris
se jetaient sur elle, couvraient ses mains et son
visage de baisers ; des mères tendaient vers elle
leurs enfants épouvantés et leur faisaient toucher
de force ses lèvres glacées. Au bout d'une heure,
il ne restait plus rien de ce qui avait appartenu à
Douceline : on déchirait sa robe avec des couteaux,
on se partageait son voile, on lacérait le drap sur
lequel elle était étendue. Ni par leurs prières,
ni par leurs menaces, les frères mineurs ne parvinrent à calmer ce délire, à faire cesser ce scan-
dale. L'un d'eux même, en voulant empêcher
une femme d'arracher la coiffe de la sainte, faillit
y perdre un bras; un moment l'on craignit que
le cadavre ne fût mis en pièces, et c'est, sans doute,
si Mme Philippine ne s'était jetée entre la foule
et le lit mortuaire, ce qui serait arrivé.

— Arrière, arrière, s'écria la prieure, arrière,
sacrilèges! Éloignez-vous.

Elle fut obéie ; mais la presse était si forte hors
de la chambre, dans le couloir par où l'on y accé-
dait, que ceux mêmes qui voulaient en sortir ne
le purent. Bien que la fenêtre fût ouverte, l'air
était irrespirable. Plusieurs femmes se trouvèrent
mal; des enfants criaient; un vieillard fût ren-
versé et piétiné.

Alors, se levant de l'escabeau de bois sur lequel il était assis, et qui composait tout le mobilier de la chambre, le supérieur des Franciscains, d'une voix chancelante, — il était très vieux et presque aveugle, — intervint.

— Mes enfants, dit-il, mes frères, mes sœurs, je vous le demande en grâce, cessez tout ce tumulte et ce désordre qui conviennent si peu à la majesté sacrée de la mort. Notre sainte mère Douceline a pratiqué toute sa vie le silence et l'humilité; c'est donc la mal honorer que de mener autour de sa dépouille tant de bruit et de la traiter comme vous le faites. Retirez-vous ce soir, rentrez dans vos demeures; je vous en supplie, obéissez. Vous montrerez ainsi que les exemples de soumission qu'elle vous a donnés n'ont pas été inutiles. Allez, mes enfants, allez. Nous-mêmes, cette nuit, nous transporterons le saint corps de notre mère dans la chapelle du couvent où vous pourrez demain venir lui rendre vos devoirs et lui apporter les hommages de votre vénération et de votre amour.

A travers la foule des voix crièrent :

— Nous la transporterons nous-mêmes à la chapelle.

— Oui, c'est bien dit. Le voulez-vous, bon père ?

— Non, mes enfants, je ne saurais y consentir. C'est aux saintes filles de Roubaud qu'appartient cet honneur : vous n'aurez pas le cœur assez dur pour le leur ravir. Madame Douceline était leur mère.

— Le bon père a raison. Retirons-nous.

Mais la foule qui, depuis la porte du béguinage jusqu'à la chambre de la sainte, se bousculait dans une vaine attente et à qui les paroles du religieux n'étaient pas parvenues, voyant qu'un grand nombre de personnes rebroussaient chemin, se porta soudain en avant. Il fallut que le brave homme, qui avait crié tout à l'heure : « Le bon père a raison. Retirons-nous. », expliquât les motifs pour lesquels, au lieu d'avancer, il n'y avait plus à présent qu'à revenir en arrière et à rentrer chez soi : et cela n'alla point tout seul.

— De quoi se mêle-t-il ? disaient les uns.

— Croit-il qu'on va lui obéir, à lui ? protestaient les autres. Nous voulons voir madame Douceline et nous la verrons, là !

— Le bon père a dit de se retirer... Le bon père a dit qu'on allait porter le corps de la sainte dans la chapelle, et de revenir tous demain, et qu'alors on pourrait la voir tant qu'on voudrait. Voilà ce que le bon père a dit. Est-ce vrai ?

— Oui, c'est vrai.

— Alors, obéissons. On reviendra demain.

— On reviendra demain.

Et les plus obstinés s'avouèrent vaincus et donnèrent le signal de la retraite. Ils étaient comme des enfants que l'on a conviés à une fête, qui éprouvent une affreuse déception en apprenant qu'elle est remise, mais se consolent de leur désappointement, lorsque, écoulé le temps qu'aurait duré leur joie, ils constatent dans leur belle sagesse ingénue et profonde, qu'au lieu que la fête soit déjà finie, elle est encore à commencer.

En peu d'instants, il ne resta dans le béguinage plus personne, et le silence enfin tomba sur la sainte maison.

Dans la petite chambre où Douceline dormait son dernier sommeil, la paix était revenue; il n'y avait maintenant autour d'elle que ceux et celles qui vraiment l'avaient connue et qui vraiment l'avaient aimée, et pour qu'aucun ne manquât à la veillée suprême, voici que, vers le milieu de la nuit, Noiraud lui-même, le bon chien, parut. Il avait brisé sa chaîne dont un long morceau pendait à son collier. Les oreilles et la queue basses et poussant de petits gémissements, il entra, posa sa grosse tête sur le matelas où était couchée la sainte, et, de temps en temps, il lui léchait la main. Et ni Mme Philippine, ni aucun des frères mineurs, ni aucune des béguines ne songea à le chasser : l'évangile de saint François était toujours vivant.

XXI

C'est au milieu d'un tel concours de peuple que de mémoire humaine on ne se souvenait point d'en avoir vu à Marseille d'aussi considérable et d'aussi empressé, que furent célébrées les funérailles de sainte Douceline.

Informé des événements qui s'étaient déroulés deux jours auparavant dans le béguinage et craignant à bon droit qu'il ne s'en produisît ce jour-là de plus graves encore, le viguier avait envoyé des gens d'armes pour contenir la foule et empêcher que quiconque touchât au corps de Douceline. Ces précautions n'étaient pas inutiles car, au moment où les hommes d'armes arrivèrent, la foule, qui avait passé la nuit devant le couvent de Roubaud, était sur le point d'enfoncer la maîtresse porte. Et le jour commençait à peine à paraître et cette foule grossissait sans cesse. De toutes les parties de la ville, on accourait vers le béguinage. La cohue bientôt devint si dense que l'on ne pouvait plus ni reculer ni avancer, de sorte que les congrégations religieuses, les confréries, les représentants des trois villes qui, leurs bannières et insignes en tête, devaient former le cortège, furent forcés de rester à distance.

Tout à coup, la porte du béguinage s'ouvrit, et la petite cloche de Roubaud qui, depuis que Douceline avait rendu le dernier soupir, était demeurée silencieuse, la petite cloche dont Douceline aimait tant la voix claire et grêle se mit à sonner les glas. Et aussitôt, de clocher en clocher, toutes les cloches de tous les monastères, de toutes les communautés, de toutes les églises de Marseille lui répondirent, égrenant à travers l'azur immaculé du ciel leurs notes plaintives et, aussitôt, coururent au-dessus des vagues humaines qui emplissaient les rues, des milliers et des milliers de flammes : chacun venait d'allumer le cierge ou le brandon qu'il avait apporté ; et l'on vit sortir du béguinage, enveloppé d'un blanc suaire et porté, sur un lit de repos, par six béguines et six frères mineurs, le corps de la sainte. Devant elle, autour d'elle, derrière elle, marchaient toutes ses filles, mêlées aux sœurs de Sainte-Claire, aux sœurs de Sion, aux Franciscains, aux Frères Prêcheurs, tous et toutes tenant à la main de gros flambeaux de cire et chantant les psaumes des morts. Les béguines avaient le visage caché sous leur voile et ressemblaient à des fantômes.

La foule, émue d'abord par ce spectacle, s'écarta pour laisser passer la procession ; mais ceux qui attendaient dans les rues avoisinantes se refusèrent à reculer, ne le pouvant d'ailleurs pas, et le cortège fut bloqué. Les gens d'armes intervinrent ; brandissant leurs épées, leurs lances, leurs bâtons, ils tentèrent d'ouvrir à travers cette masse grouillante un chemin et ils y étaient presque parvenus, quand une poussée irrésistible, formidable se produisit ; plusieurs des béguines qui portaient la sainte furent renversées et, si l'on ne s'était précipité à temps pour prendre leur place, le cadavre aurait roulé au milieu même de la foule.

Cependant, durant la bagarre, le drap dont il était couvert ayant glissé, des mains pieuses s'en saisirent ; en un instant il fut réduit en pièces et le corps de la sainte apparut. Alors, un véritable délire s'empara de ces hommes et de ces femmes et des cris déchirants sortirent de toutes les poitrines. De revoir immobilisée par la mort, les yeux clos, les mains jointes, dans sa robe noire, la douce et sainte femme que, depuis près de vingt-cinq années, ils avaient vu aller et venir par la ville, si charitable et si pure, et dont il n'était personne entre eux qui n'eût reçu quelque bienfait, plongea ces âmes ardentes et naïves dans la plus affreuse douleur. La pensée que plus jamais ils n'entendraient sa voix qui savait si bien consoler et réconforter, que plus jamais elle ne les regarderait de ses beaux yeux où étincelaient tant de tendresse et de candeur, et qu'il ne leur resterait d'elle bientôt qu'au fond de leur cœur un souvenir duquel le temps, si attachés qu'ils puissent rester à sa mémoire, finirait un jour par avoir raison, cette pensée les désespérait et les révoltait.

— Ah! ma bonne mère, ma sainte mère! criait celui-ci. Est-il possible que vous soyez morte! Morte... pour toujours!

— Elle m'avait soigné! criait celui-là.

— Elle avait guéri mon fils! criait une femme.

— Elle m'avait guérie! criait une autre.

— Si encore on pouvait la voir de près!

— La toucher!

— Si encore on pouvait avoir quelque chose d'elle, quelque chose qui l'ait touchée!

— Oui, quelque chose d'elle, quelque chose d'elle!

Et l'on se bousculait et l'on se piétinait. Quelqu'un étant parvenu à saisir un coin du manteau que l'un des frères mineurs venait de jeter sur le corps de la sainte, on se le disputa aussitôt; des femmes se battaient pour en conserver un lambeau. Et c'étaient des cris et des sanglots et des appels, parmi l'agitation de toutes ces têtes, de tous ces bras, de tous ces brandons et de tous ces cierges allumés, parmi le flottement des bannières, le tournoiement des masses d'armes, le scintillement des lances et des épées, parmi le bourdonnement de ces cloches qui, sans cesse, de leurs voix de bronze éploré et lugubre, sonnaient les glas... Par trois fois les frères mineurs recouvrirent le cadavre de leur manteau; par trois fois le manteau fut arraché et déchiré et sans une vigoureuse et brutale intervention des gens d'armes décidés à frayer coûte que coûte un passage au cortège, les restes de la sainte auraient été profanés et dispersés.

Le calme enfin fut rétabli; mais au lieu de conduire par le chemin le plus direct à l'église des

Frères Mineurs, où on lui avait préparé sa sépulture, le cadavre de Douceline — le béguinage de Roubaud était peu éloigné du couvent de Saint-François — il fallut, pour donner satisfaction à la foule, se résoudre à de longs détours, et ce n'est qu'après plusieurs heures de défilé à travers le faubourg et la campagne que la suprême cérémonie put avoir lieu ; ce qui permit au viguier de prendre toutes les dispositions convenables pour éviter le retour du scandaleux désordre qui s'était produit le matin.

Des cavaliers armés furent postés devant l'église des Frères Mineurs, qui, longtemps avant que le cortège n'apparût, en écartèrent la foule, et, sitôt qu'il y eût pénétré, les portes furent closes et gardées, ce qui n'empêcha pas nombre de gens de passer le reste du jour et la nuit tout entière sur la place à pleurer et à prier

*
* *

Durant trois jours, les béguines et les moines vinrent en procession autour du saint corps, pour l'honorer et le glorifier ; durant trois jours, sous le plafond de bois de l'église, résonnèrent les répons et les antiennes de l'office de Notre-Dame.

L'honorée mère Mme sainte Douceline n'était-
elle pas la vraie fille de Mgr saint François et
n'était-ce pas dans la maison du *poverello* d'Assise
qu'elle pouvait et devait être le mieux honorée,
elle qui, comme lui et comme la sœur Claire,
avait pratiqué, avec tant de zèle et de joyeuse
persévérance, avec tant de fermeté et d'innocence,
la plus magnifique et la plus belle de toutes les
vertus, la Sainte Pauvreté?

TABLES

TABLE DES GRAVURES

PREMIÈRE PARTIE

DEUXIÈME PARTIE

TABLE DES MATIÈRES

BIBLIOTHÈQUE NATIONALE
IMPRIMÉS

5227. — Tours, imprimerie E. ARRAULT et Cⁱᵉ.